Volle
Drehzahl

Uwe Hück, Konzernbetriebsratsvorsitzender und stellvertretender Aufsichtsratsvorsitzender bei Porsche, und Thomas Wark, seit 30 Jahren Sportreporter beim ZDF und privater Botschafter der gemeinnützigen Initiative Respekt! Kein Platz für Rassismus GmbH, haben sich während eines Interviews bei einer Veranstaltung der IG Metall kennengelernt: Uwe Hück nahm Thomas Wark dort das Mikrofon weg, um das Gespräch in eigener Regie fortzuführen. Thomas Wark hätte das niemals zugelassen, wenn die Worte von Uwe Hück nicht so bewegend wären.

Die privaten Gespräche der beiden in den Monaten danach hat Thomas Wark aufgezeichnet.

Uwe Hück

Volle Drehzahl

Mit Haltung an die Spitze

Aufgezeichnet von Thomas Wark

Campus Verlag
Frankfurt/New York

ISBN 978-3-593-39706-1

Umschlaggestaltung: Hißmann, Heilmann, Hamburg
Umschlagmotiv: Christoph Bauer
Satz: Fotosatz L. Huhn, Linsengericht
Gesetzt aus: Scala und Scala Sans
Druck und Bindung: CPI – Ebner & Spiegel, Ulm
Printed in Germany

Dieses Buch ist auch als E-Book erschienen.
www.campus.de

Für alle Kinder,
die glauben,
keine Chance
zu haben

Inhalt

9 Vorwort

Kapitel 1
13 Heimjahre

Kapitel 2
31 Lehrjahre

Kapitel 3
43 Familienjahre

Kapitel 4
59 Der Aufstieg

Kapitel 5
79 Auf dem Haidach

Kapitel 6
103 Porsche und VW

Kapitel 7
123 Politische Freunde

Kapitel 8
163 Gegenspieler

Kapitel 9

185 Ausblick

Anhang

207 Bildnachweis

209 Register

Vorwort

Vorwort Ich kann nicht von mir behaupten, einen guten Start ins Leben gehabt zu haben. Ich bin mir nicht einmal sicher, ob der 22. Mai wirklich mein Geburtstag ist. Irgendwann im Heim haben sie es mir gesagt, so wie sie mir gesagt haben, dass ich keine Eltern mehr habe. Es gibt keine Geburtsurkunde, die mir verraten könnte, wer ich wirklich bin. Keine Briefe, keine Fotos, keine Erinnerungen. Also habe ich geglaubt, dass immer dann mein Geburtstag ist, wenn der große Kalender in der Halle wieder den 22. Mai anzeigte. Dass ich keine Eltern mehr hatte, wusste ich hingegen sehr früh. Wenn die anderen Kinder an Weihnachten von ihren Eltern abgeholt wurden und ich alleine in dem großen Haus zurückbleiben musste, wurde es wieder traurige Gewissheit: Ich, Uwe Hück, bin Heimkind und werde aller Voraussicht nach keine Chance haben in diesem Leben.

Sie sagten mir, dass ich früh meine Eltern verloren habe. Meinen Bruder Thomas haben sie später immerhin gemeinsam mit mir in Haus 3 im Sperlingshof untergebracht. Mein älterer Bruder Detlef musste in das ein paar Meter entfernte Haus 2. Ich weiß bis heute nicht, warum. Insgesamt waren wir fünf Geschwister, doch von der Existenz einer Schwester und eines dritten Bruders habe ich erst sehr viel später erfahren. Warum hatte man uns getrennt? Auch das habe ich nie in Erfahrung bringen können. Ich weiß auch nicht, ob es Detlef besser ergangen wäre, hätten wir in einer familienähnlichen Gemeinschaft gelebt. Manchmal unterhielten wir uns von unseren Fenstern aus, eine Beziehung zueinander aber konnten wir nie aufbauen. Geschwisterliebe hatte keinen Platz in dieser Notgemeinschaft, in der jeder seinen eigenen Kampf zu bestehen hatte. 1990 erhielt ich die Nachricht vom Selbstmord meines Bruders Detlef. Seinem Abschiedsbrief musste ich entnehmen, dass er keinen Platz in dieser

Gesellschaft finden konnte. In all den Jahren war mir nicht aufgefallen, welche Probleme er mit sich herumschleppte. Das Band der Brüder wurde im Heim zerschnitten, ich hatte das Gespür für die Nöte von Detlef verloren. Ich war zu sehr mit mir selbst beschäftigt, das werfe ich mir heute noch vor. Hatte ich es wirklich nicht gemerkt? Hatte ich weggeschaut, hatte ich Detlefs Verzweiflung verdrängt? Hätte ich meinen älteren Bruder führen müssen? Quälende Fragen, die mich heute noch beschäftigen.

1990, im Jahr von Detlefs Tod, wurde ich Betriebsrat bei Porsche.

Ich hatte mich hochgeboxt.

Kapitel 1

Heimjahre

Heimjahre Meine Kindheit verteilte sich auf insgesamt drei Heime im süddeutschen Raum. Meine Erinnerungen an diese Zeit sind diffus, vieles habe ich gelernt auszublenden. Verdrängen als Überlebensstrategie. Ich würde heute noch leiden, wenn ich mich an alles erinnern könnte, was damals passiert ist. Missbrauch, Züchtigung und Erniedrigung habe ich mit der Löschtaste aus meinem Leben entfernt. Man sagt zwar, Zeit heilt alle Wunden, mein Weg aber führte nur über ein konsequentes Vergessen. Alles ließ sich bis heute nicht verdrängen, damit allerdings habe ich umzugehen gelernt.

Schon im ersten Heim war Gewalt ein tägliches Thema, Konflikte wurden vorzugsweise durch Schlägereien gelöst. Wenn du als kleiner Kerl in diese Gruppen zufällig zusammengewürfelter Schicksale kommst, musst du verdammt schnell lernen. Wie du deine Portion Essen sicherst, bevor sie dir ein anderer wegnimmt. Wie du überlebst in diesem System der Sklaverei, in dem schon Sechsjährige Verhaltensmuster zeigen, die auf Ausbeutung und Erniedrigung der anderen abzielen. Wie du dich wehrst gegen diese Kinder aus zerrütteten Familienverhältnissen – Vater Schläger, Mutter Alkoholikerin, die Geschwister sexuell missbraucht, der Onkel im Knast.

Sechs Heimkinder in einem Zimmer, sich selbst überlassen, nach eigenen Regeln lebend. Die Kleinen waren die Sklaven der Größeren. Sich ohne Erlaubnis im eigenen Zimmer hinzusetzen, konnte schon einen Faustschlag ins Gesicht bedeuten. Im Schatten der Macht überforderter und liebloser Erzieher herrschte eine strenge Hierarchie der Kinder. Essen holen, Schuhe putzen, Boden saubermachen: Die Älteren ließen sich bedienen und ich war einer von den Jüngeren. Irgendwie überlebte ich die ersten Jahre im Heim, irgendwie. Es gibt keine Fotos, die meine Erinnerungen an diese Zeit auffrischen könnten. Ich kann mich an keine Freunde erinnern, nicht mal an Namen. Ich weiß nur, dass ich etwa acht Jahre alt gewesen sein muss, als ich in die erste große Krise geriet. Es ging mir schlecht zu dieser Zeit und es war niemand da, der mir hätte helfen können. Zum ersten Mal kamen Selbstmordgedanken auf. Wozu weitermachen in dieser Hölle? Einen Sinn in meinem jungen Leben hatte ich noch nicht erkennen können. Die Situation schien aussichtslos: Hast du versucht, mit den Erziehern zu sprechen, hatten sie keine Zeit für dich. Bist du in dein Zimmer gekommen, hast du Prügel bezogen von deinen Mitbewohnern.

Ich glaube, in dieser Zeit hatte ich dieses kindlich-naive Versprechen abgegeben, an das ich mich heute immer wieder erinnern muss. Ich sprach mit Gott. Was ich damals als Achtjähriger nicht mal ahnen konnte, sollte eine Maxime meines weiteren Lebens werden. Noch heute halte ich mich streng an dieses Gelübde von damals. Die bescheidene Heimpädagogik, die uns täglich traktierte, hatte ihre Wurzeln in christlichen Grundsätzen. Auch wenn es fast wie Hohn erscheinen mag: In dieser oft feindseligen Umgebung hatten die Erzieher uns mit Gott bekannt gemacht. Wir mussten das alte und das neue Testament lesen und so wusste ich von der möglichen Existenz eines Gottes, obwohl ich kaum lesen konnte. In meiner kindlichen Fantasie suchte ich einen Verbündeten und da kam mir Gott gerade recht. Ich schaute zum Himmel und sagte: »Wenn es dich da oben wirklich geben sollte, dann sieh zu, dass ich groß und stark werde, damit ich mich um diesen Mist hier kümmern kann.« Heute habe ich den christlichen Glauben für mich längst durch die Lehren und Weisheiten Buddhas erweitert. An mein Versprechen Gott gegenüber aber halte ich mich immer noch.

Am Nikolaustag 2010 war ich wieder im Heim. Nicht dort, wo ich damals meine schlimmste Zeit hatte und wo ich Gott zu meinem Kumpel in der Not machte. Nein, mich zieht es jedes Jahr in den Sperlingshof, meine letzte Station, das letzte der drei Heime. Ich hatte Geschenke dabei, ein Paket für jeden der 60 Jugendlichen. Und einen Batzen Geld aus der Wiedeking-Stiftung: 42000 Euro für die Sanierung des Brunnens. Seitdem komme ich jedes Jahr zurück in den Sperlingshof und bei jedem Besuch spüre ich diese starke innere Verbundenheit mit den Kindern und Jugendlichen. Da gibt es eine tiefe, beiderseitige Sympathie und die hat nichts zu tun mit dem Wert der Geschenke. Sie wissen: Da kommt einer von ihnen, der es geschafft hat. Der ihnen zeigt, in welchem Zimmer er gewohnt hat. Der ihnen sagt, wie er es geschafft hat. Dieses Jahr haben die Kinder und Jugendlichen mich in meinem alten Heim mit diesem Gedicht begrüßt:

Es rauscht der Wind im Winterwalde
durch die kühle graue Flur
und ein Jeder hofft, schon balde
find' er St. Nikolauses Spur.

Ja heut, da jähret sich der Tag,
an dem Besuch im Sperlingshof ward angesagt.
Ob Wiedeking und Hück auch wirklich kommen mag,
das haben wir uns oft gefragt.

Ach, wann wird er endlich kommen,
dieser heiß ersehnte Gast?
Kinder blicken teils benommen
von Baum zu Baum, von Ast zu Ast.

Sie waren da und kommen wieder
am Nik'laustag wie letztes Jahr.
Heut sangen wir auch Nikolauslieder
und finden dies nur wunderbar.

Mir gefiel dieses Gedicht, doch für meinen stärksten emotionalen Moment sorgte in diesem Jahr ein Junge, der mich am Ende zur Seite nahm und sagte: »Wissen Sie, was für mich das Schönste heute war? Nicht dass Sie Geschenke vorbeigebracht haben, sondern dass Sie persönlich da waren!« Ich erzählte dem Jungen von meinem Versprechen gegenüber Gott und erinnerte mich wieder an diese schlimme, ausweglose Zeit. Ich glaube, ich bin wirklich stärker geworden damals. Auch wenn ich es damals noch für einfacher hielt, mein Leben zu beenden als diesen täglichen Kampf weiterzukämpfen.

Wenn ich in diesem Heim also nicht untergehen wollte, musste ich lernen, die Schwächen der Älteren und Stärkeren zu erkennen. Ich wollte sie blitzschnell ausnutzen, wenn die Zeit gekommen war. Je stärker ich wurde, desto leichter fiel es mir, mich zu wehren. Ich lernte schnell. Aber ich wurde aggressiver, sicherlich auch als Folge der permanenten Unzufriedenheit mit meiner Situation. Ich war bald bekannt für meinen rustikalen Umgang mit dem Hausmobiliar. Türklinken brauchte ich nicht, durch einen gezielten Tritt aus dem Lauf heraus öffneten sich die Türen viel eindrucksvoller. Ich spürte, wie ich Macht aufbauen konnte. Mich nur zur Wehr zu setzen, war mir nicht mehr genug. Ein Tritt oder ein präziser Schlag verschafften mir Respekt und Vorteile in dieser Umgebung, in die ich vom Schicksal hineingestoßen worden war. Das Leben im Heim hatte sehr bald einen schwierigen Menschen aus mir gemacht. Aggression, Sonderschule, schwer erziehbar: Es sah nicht gut aus für mich und es kam noch schlimmer. Ich wurde ins nächste Heim abgeschoben. Sie schickten mich aufs Land, möglicherweise sogar in ein geschlossenes Heim, so genau weiß ich das nicht mehr. Auf jeden Fall war die Schule in das Heim integriert und hier wurde mehr Wert auf Disziplin gelegt. Ich fühlte mich eingesperrt. Ich erinnere mich an das frühe Aufstehen, an das Milchholen beim Bauern, an die Tiere, die wir pflegen mussten. Pferde, Esel, Kühe – nie zuvor hatte ich Verantwortung gehabt für ein Tier. Diese neue Erfahrung begann, mir Spaß zu machen, die Tiere trösteten mich über den Verlust meiner Familie hinweg. Meine Geschwister waren für mich nicht greifbar, unser bisschen Familie war auseinandergerissen worden, um einen besseren Menschen aus mir zu machen. Nur wenige Abschnitte meiner Heimkarriere kann ich mit einem bestimmten Alter verbinden, zu viele Erlebnisse und Vorkommnisse musste ich verdrängen, damit ich sie später endgültig vergessen konnte.

Ich muss zu dieser Zeit etwa neun Jahre alt gewesen sein in diesem Heim auf dem Land, das ich als Gefängnis empfand. An die großen Pakete meiner Geschwister kann ich mich erinnern, sie waren ein Lebenszeichen. Ein kleiner Beweis von Zuneigung, aufgesaugt wie von einem trockenen Schwamm, denn Zuneigung bekam ich als Heimkind sowieso immer zu wenig. Wo aber Liebe und Schutz der Eltern und Geschwister fehlen, beginnst du in dieser Umgebung reflexartig, Misstrauen aufzubauen. Mir fiel auf, dass der Inhalt der Pakete immer kleiner wurde. Große Kartons mit meinem Namen darauf, aber von Mal zu Mal mit weniger Inhalt. Ich wurde misstrauisch. Als meine Schwester Carola eines Tages zu Besuch kam und mich fragte, ob ich denn Spaß gehabt hätte mit den Geschenken, wurde mir klar, dass ich bestohlen worden war. Ich will heute nicht behaupten, dass es Erzieher waren, die mir das kleine bisschen Glück meines bescheidenen Lebens aus den Paketen gestohlen haben, doch mein Verhältnis zu Autoritäten war endgültig zerrüttet. Mein junges Leben war geprägt von diesen Zwischenfällen und immer war ich der Verlierer. Auch als ich später mit einem Lehrer aneinandergeriet. Mich hatte sein Befehlston gestört und ich war nicht bereit, alles zu glauben, was er uns zu vermitteln versuchte. »Wo steht das denn geschrieben?«, wollte ich wissen. »Warum wirst du frech?«, fragte er zurück. »Ich bin überhaupt nicht frech. Ich will nur wissen, wo das geschrieben steht«, beharrte ich auf meinem Standpunkt. »Das geht dich nichts an. Du verlässt sofort das Klassenzimmer«, forderte er mich auf. Ich weigerte mich, den Raum zu verlassen. Da kam der Lehrer, packte mich und versuchte, mich aus dem Klassenzimmer hinauszuziehen. Ich wurde wütend. Wie viel Ungerechtigkeit musste ich noch ertragen? Ohne lange über mein Handeln nachzudenken, wehrte ich mich. Dabei ist der Lehrer ein paar Mal unsanft auf den Boden gefallen. Die Strafe ließ auch dieses Mal nicht lange auf sich warten. Wieder wurde ich weggesperrt, wieder musste ich ein paar Tage alleine in ein Zimmer. Doch als so schlecht empfand ich diese Einzelhaft nicht. Hier herrschte Ruhe und ich konnte mich sicher fühlen vor den Schlägen und Provokationen der Älteren. Der Stärkste war ich damals noch nicht, also musste ich vorsichtig sein.

Zu den Tagen meiner Kindheit, an die ich mich deutlicher erinnern kann, gehört das Auflehnen gegen Lehrer, Erzieher und Ungerechtigkeiten, gegen die sinnlosen Befehle sogenannter Autoritäten. Eines Abends saßen wir beim Essen; wir Kinder wie immer an beiden Seiten einer länglichen Tafel, am Kopfende ein dicker Typ, unser Erzieher.

Ich mochte ihn nicht, denn er hatte immer mehr zu essen als wir. Hier soll nicht etwa der Eindruck entstehen, dass ich zu allen Erziehern ein gestörtes Verhältnis pflegte. Ich habe in meiner langjährigen Heimkarriere auch viele respektable Menschen kennengelernt, die Großartiges geleistet haben. Frauen, die mit Kindern umzugehen verstanden, allen Überlastungen zum Trotz. Aber dieser dicke Typ, der da an unserer Tafel saß, ließ uns spüren, dass es ihm besser ging. Der Dicke bekam, anders als wir, Wurst und Käse aus der Küche. Damit belegte er seine großen Scheiben Brot. Uns blieb die Wahl zwischen Butter, Zucker und Salz, manchmal gab es auch Marmelade. Wir haben das gerne gegessen und es hat auch gut geschmeckt. Ich habe nur nicht verstanden, warum der Erzieher Wurst und Käse hatte. An diesem Abend wollte ich es dann wissen. »Warum bekommen Sie eigentlich Wurst und Käse und wir nicht?«, rief ich zu ihm herüber. Nicht provokant, nicht aufrührerisch, nicht unverschämt, nur einfach fragend. Ich bekam keine Antwort. Stattdessen stand dieser Erzieher auf, nahm seine Käsebrocken in die Hand und begann, damit auf mich zu werfen. Immer weiter. Ich war hungrig und überlegte nicht lange. Ich hob die Brocken auf und begann, sie gierig zu essen, einen nach dem anderen. Käse aus heiterem Himmel! Doch das hätte ich nicht tun dürfen. Der dicke Erzieher muss in diesem Moment wirklich seine pädagogischen Ziele gefährdet gesehen haben – wenn er denn überhaupt welche hatte –, und sagte: »Du bist und bleibst ein unanständiger Typ. Was sollen wir mit dir denn noch machen?« Den Käsebrocken folgte die Erniedrigung im persönlichen Gespräch: »Wie kannst du den Käse essen, mit dem du gerade bestraft wirst?« Wieder mal hieß das Arrest, wieder mal steckten sie mich alleine in ein Zimmer. Je öfter mich die Erzieher in Einzelhaft schickten, desto weniger wollte ich den Sinn dieser Bestrafung verstehen. Am nächsten Morgen holten sie mich heraus und fragten: »Hast du etwas dazugelernt?« Ich habe auch am Morgen danach immer noch nicht verstehen können, was die Strafaktion vom Vorabend bezwecken sollte. Ich fühlte mich ungerecht behandelt. »Ja«, sagte ich, »ich habe gelernt, dass ich es noch mal so machen würde. Denn es hat gut geschmeckt und ich bin satt geworden.«

Die Pädagogik mancher Erzieherinnen und Erzieher war auf Erniedrigung und Bestrafung der ihnen zum Schutz befohlenen jungen Menschen abgerichtet. Sie wollten sich nicht einen Moment mit meiner Persönlichkeit oder meinen Beweggründen auseinandersetzen. Ich glaube, es ging diesen Erziehern, die allesamt eine Ausbildung hatten, nur um Ruhe und Ordnung im Heim. Und wenn sie unseren Willen brechen mussten! Für mich bedeutete meine Uneinsichtigkeit wieder Arrest, doch so allmählich gewöhnte ich mich an die Einzelbelegung des Strafzimmers. Das Wegsperren hat mich nicht ändern können, im Gegenteil. Ich spürte, wie ich stärker wurde, wie ich in der Achtung anderer Heimkinder stieg. Ich konnte einen Sinn darin sehen, Ungerechtigkeiten nicht einfach hinzunehmen. Und ich konnte ungestört träumen. Wenn ich alleine in dem dunklen Zimmer lag, konnte ich meinen Helden näher sein: Winnetou und Robin Hood. Vom ersten Tag des Kennenlernens an hatten sie mich interessiert. Je älter ich wurde, desto mehr faszinierten sie mich. Winnetou, dieser edle, für Gerechtigkeit und Frieden kämpfende Indianer. Robin Hood, dieser Ritter aus dem Sherwood Forest, der den Armen gab, was er den Reichen genommen hat. Ich wollte so werden wie sie, wenn ich eines Tages aus dem Heim rauskommen sollte. Ich hatte viel Zeit, an meine Helden zu denken, denn ich lag nächtelang im Arrestzimmer. Für die Heimleitung war ich wahrscheinlich nur noch ein schwer erziehbarer Sonderschüler. Ein renitenter Rüpel, unberechenbar und gewalttätig. Ein Heimjunge, der es mit etwas Glück vielleicht noch zum Hilfsarbeiter bringen würde. Ich muss zugeben, dass ich alles tat, um meine Erzieher in ihren Meinungen zu bestärken. Doch auch, wenn ich wirklich keine Chance in diesem Leben haben sollte, die täglichen Ungerechtigkeiten wollte ich nicht so einfach hinnehmen. Ich erinnere mich an diese unsäglichen Erzieherinnen. Als wäre es nicht schon schwer genug gewesen, als pubertierender Junge von Frauen erzogen zu werden, unterbanden sie auch noch die ersten Anzeichen erwachender Sexualität. Sie kamen und hauten dir mit dem Lineal oder der Hand auf deinen kleinen Stolz da unten. Einmal, zweimal, immer so feste, dass es fürchterlich weh tat. Sie bläuten dir ein, wie unanständig es sei, eine Erektion zu haben. An den Rest kann

Uwe Hück als Jugendlicher

ich mich nicht mehr erinnern. Er ist verdrängt, irgendwo abgelegt in diesem nicht mehr auffindbaren Ordner, auf dem »Vergessen« steht. Ich weiß nur noch, dass mich jede Strafe, jede Erniedrigung und jede Ungerechtigkeit nur noch wütender machte.

Ich war elf Jahre alt, als das Jugendamt meinen nächsten Umzug verfügte. Ich kam auf den Sperlingshof, eine Einrichtung nahe dem Örtchen Wilferdingen, nicht weit von Pforzheim entfernt. Wenn ich heute dort hinkomme, kann ich nicht glauben, was aus diesem Heim geworden ist. Es heißt jetzt »Heilpädagogisches Kinder- und Jugendhilfezentrum der evangelisch-lutherischen Kinderfreundegesellschaft e.V.«. Es gibt Sportlehrer, Psychotherapeuten, Menschen, die daran arbeiten, aus diesen Kindern Menschen mit Perspektiven zu machen. Das moderne Konzept unterscheidet jetzt zwischen heilpädagogischen und intensiven Wohngruppen, der Einzelne steht im Mittelpunkt. Sie bieten Gesprächstherapien an und die Eltern- und Familienarbeit wird mit einbezogen. Als ich 1973 hier eingewiesen wurde, hatten die Jahre im Kinderheim, die hinter mir lagen, schon einen verrohten Jungen aus mir gemacht. Ich glaubte damals, dass mir die Erzieher in meinem alten Heim schon das Rückgrat gebrochen hatten. Zumindest fühlte sich das manchmal so an. Sie hatten mich kleingekriegt, die vielen Strafen und Ungerechtigkeiten zeigten Wirkung. Manche meiner Betreuer habe ich im Nachhinein eher als Aufseher empfunden, die sich nicht immer aufs Erziehen von uns Kindern konzentriert haben. Wenn ich heute im Fernsehen Berichte über den Augsburger Bischof Blixa oder die Odenwaldschule sehe, frage ich mich oft, wie viele Kinder wohl nach den bekannt gewordenen Missbrauchsfällen auf der Strecke geblieben sind. Wie viele Heimkinder haben die kirchlichen Einrichtungen auf dem Gewissen? Wie viele von ihnen waren überhaupt in der Lage, später ein normales Leben zu beginnen? Werden sie jemals angemessen entschädigt werden?

Ich kam also auf den Sperlingshof und es sah hier auch nicht besser aus für mich. Ich musste wieder von vorne anfangen, Hierarchien abklopfen, mögliche Feinde beobachten, Verbündete finden, mir Respekt verschaffen. Ich musste wieder überleben in einer neuen Umgebung. Es dauerte nicht lange, da gab es auch hier die ersten Reibereien. Mir war sehr bald aufgefallen, dass zum Beispiel der Wurstanteil bei der Essensausgabe sehr unterschiedlich ausfiel. Mit anderen Worten: Das Haus, in dem ich lebte, bekam so gut wie nie Wurst oder andere gute Sachen zu essen. Damals, als es um den Käse ging, hatte ich verloren. Das sollte mir jetzt nicht noch einmal passieren. Ich zettelte einen Aufstand an. Mit meinen Brüdern im Geiste, Winnetou und Robin Hood, kämpfte ich mich bis zur Heimleitung vor. »Wenn du dich nicht wehrst, wirst du beschissen«, versuchte ich dort mein Ansinnen zu erklären. Diplomatisch und keineswegs aggressiv, aber zu allem entschlossen. Man verstand mich. Ich verlangte mehr Wurst und sie gaben uns mehr Wurst. An diese frührevolutionären Tage auf dem Sperlingshof musste ich später manchmal denken, wenn ich als Gewerkschafter in Tarifverhandlungen saß. Wenn wir um Lohnerhöhungen kämpften, um Sonderleistungen stritten, für soziale Gerechtigkeit eintraten. Die Wurst muss aufs Brot, für alle!

Die anderen Kämpfe auf dem Sperlingshof waren heftiger. Es gab Anführer in diesen Häusern, in denen wir untergebracht waren. Diese Häuptlinge galten immer als die Stärksten ihres Hauses, sie hatten sich in den kleinen Hierarchien hochgeboxt. Anführer wurdest du nicht mit klugen Worten. Zu den sportlichen Ereignissen unseres Alltags gehörten die

Häuserkämpfe. Boxen ohne Handschuhe, der Stärkste aus Haus 1 gegen den Stärksten aus Haus 2. Dann die Zweitstärksten gegeneinander, mehr Regeln brauchten diese Faustkämpfe nicht. Wer zu Boden ging, musste schon aufgeben, wenn er einigermaßen unversehrt aus der Sache herauskommen wollte. Doch wer gab schon gerne auf und ließ sich die nächsten Tage freiwillig als Weichei verspotten? Ich hatte mich schnell hochgearbeitet in meinem Haus und mir schon einen gewissen Ruf erworben, weil ich einen stärkeren Willen hatte als andere meines Alters. Ich muss damals zwischen 13 und 14 gewesen sein, als diese Herausforderung aus dem Nachbarhaus einging. Ich erinnere mich nicht mehr, wie viele Kämpfe und Schlägereien ich in all den Jahren erlebt habe. Heute weiß ich nur, dass es keinen Grund gibt, stolz darauf zu sein. Das habe ich auch meinen drei Söhnen mitgegeben. Sie sollen einfach nicht erleben müssen, womit ihr Vater oft täglich konfrontiert war.

Dieses eine Mal werde ich nie vergessen: Die Kämpfe begannen, als wir sicher sein konnten, dass uns kein Erzieher stören würde. Es kommt der Wahrheit aber wahrscheinlich näher, dass sich keiner vom Personal in unsere Nähe getraut hat. Ich bin mir sicher, sie hatten Angst, selbst verhauen zu werden. Ich kannte meinen Gegner. Mir waren seine Stärken sehr wohl bewusst, dass er aber zu einer derart brutalen Gangart fähig sein würde, war mir neu. Wir legten los, die ersten Haken wurden gesetzt, das Schnaufen wurde lauter. Die anderen Kinder aus meinem Haus feuerten mich, ihren Anführer, an. So, wie Winnetou von seinen Apachen unterstützt worden war. Was konnte jetzt noch schiefgehen? Es war wohl ein Moment der Unachtsamkeit, als mich eine schnelle Rechts-Links-Kombination am Kopf erwischte. Ich schwankte, verlor mein Gleichgewicht und ging zu Boden. Nicht auf die Knie, nicht auf die Seite, ich lag da flach auf dem Rücken, nicht k.o., aber angeschlagen. Als ich gerade überlegte, wie ich aus dieser ungeschützten Position herauskommen könnte, sah ich dieses große braune Ding in den Händen meines Gegners näherkommen. Ein großer Holzblock, mit dem er mich gleich erwischen würde! »Der Typ da würde mich umbringen! Das hier ist kein Spaß! Der macht ja ernst!«, schoss es mir durch den Kopf. Ein Reflex, eine blitzschnelle Drehung meines Kopfes, eine halbe Körperdrehung, dann schlug der Klotz dumpf auf dem Rasen unseres Sportplatzes ein, genau dort, wo gerade noch mein Kopf gelegen hatte. An den Rest dieses Tages kann ich mich heute nicht mehr erinnern. Auch nicht, dass es danach noch einmal zu einer vergleichbaren Brutalität gekommen ist. Die Erzieherinnen müssen von unseren Kämpfen gewusst haben, aber sie waren machtlos dagegen. Was hätte die gute Schwester Ruth, die die Verantwortung für mein Haus hatte, denn auch machen sollen, wenn wir am Abend mit unübersehbaren Blessuren in die Häuser zurück schlichen? Dreckig, blutend, manchmal auch mit einer schiefen Nase. Beim Lesen konnte das nicht passiert sein.

Nicht alles, was in meiner Jugend in den Heimen geschehen ist, habe ich verdrängt. Warum auch? Es gab Tage, die ich zu meinen glücklichen zähle. Wahrscheinlich waren sie sogar entscheidend für den weiteren Verlauf meines Lebens. Eine Frage, die ich mir heute häufig stelle, lautet: »Was wäre aus mir geworden, wenn ich diesen Menschen nicht getroffen hätte?« Da gab es diesen Lehrer, dessen Namen ich leider vergessen habe. Er lud mich eines Tages zu sich nach Hause ein, ein ganzes Wochenende. Mich, diesen Sozialfall, den schwer Erziehbaren! Ich weiß noch, wie misstrauisch ich war, als ich klingelte. Was wollte er von mir? Wir setzten uns an den gedeckten Tisch und ich machte eine ganz neue Erfahrung.

Man kann essen und sogar satt werden, ohne vorher darum kämpfen zu müssen. So friedlich, so entspannt! In der Schule hatte dieser Lehrer erkannt, dass es Bereiche in meiner Persönlichkeit gab, die nie gefördert worden waren. Er muss entdeckt haben, dass ich hinter einer Fassade aus Verweigerung, Ablehnung und Gewalt Schutz gesucht hatte. Er muss gespürt haben, dass ich das Zeug hatte, mehr zu sein als nur ein Sonderschüler. Er begann, mit mir zu lernen und dieser Nachhilfeunterricht gefiel mir wider Erwarten. Dieser Lehrer nahm mich ernst. Zum ersten Mal in meinem Leben hatte ich das Gefühl, etwas wert zu sein. Einmal sagte er einen Satz, den ich auch heute noch zum kleinen Schatz meiner Lebensweisheiten zähle: »Du bist nicht dumm, du bist nur auffällig und wenig gefördert worden«.

Er vermittelte mir sehr bald das Wissen, um auf die Hauptschule zu wechseln. Dort ging alles rasend schnell, ich hatte ja schließlich auch etwas nachzuholen. Zahlen und Buchstaben, die mir bisher meist eine Qual waren, wurden plötzlich zu meinen Freunden, weil ich sie mit einer Funktion verbinden konnte. Ich sah einen Nutzen in dem, was ich tat. Es lohnte sich, zu lernen und ich lernte schnell. Ich begriff zum ersten Mal, dass aus Wissen Macht werden konnte. Von Tag zu Tag entwickelte ich mehr Energie, es konnte mir nicht mehr schnell genug gehen, ich erhöhte die Drehzahl. Ich übersprang eine Klasse und schaffte schließlich meinen Hauptschulabschluss mit einer sehr guten Durchschnittsnote, vor allem Mathe war meine Stärke. Dieser Lehrer – und ich benutze diese Bezeichnung in des Wortes bester Bedeutung – hatte mich auf einen neuen Weg geschubst. Den Kontakt zu ihm habe ich leider verloren. Vielleicht war es ja der Herr, der mal an unser Sekretariat geschrieben hat und dabei leider eine inkorrekte Adresse hinterlassen hat? Mein Antwortbrief jedenfalls kam ungeöffnet zurück. Heute, da ich es zu einer bescheidenen Popularität gebracht habe, schreiben mir viele Menschen, die behaupten, mich von früher zu kennen. Nicht alle würde ich unbedingt wiedersehen wollen, diesen Lehrer schon. Ich bin ihm dankbar.

Dann war da dieser Erzieher auf dem Sperlingshof. Er hatte einen Blick für meinen Körperbau und er sah wohl, wozu ich sportlich in der Lage sein könnte, wenn ich mich anstrengte. »Setz dich mal hin, wir machen jetzt mal Armdrücken«, sagte er eines Abends zu mir. »Versuch ruhig, mich zu besiegen!« Ich glaubte schon, dieser Erzieher wollte mich veräppeln. Was sollte dieses Armdrücken? Wir kannten eine Menge mehr oder weniger gefährlicher Spielchen, um unsere Kräfte zu messen und jetzt kam dieser Erzieher und forderte mich zum Armdrücken heraus! Wir setzten uns gegenüber und legten los. Es war ein kurzer Kampf, ich musste sehr schnell erkennen, dass meine Kraft nicht ausreichte. »Willst du mich nicht mal besiegen?«, fragte er mich anschließend, als ich schon wieder aufstand. »Doch, na klar«, sagte ich. »Dann musst etwas dafür tun. Du musst trainieren, deine Muskulatur aufbauen.«

Die Niederlage gegen den Erzieher und ein paar aufbauende, motivierende Ratschläge – wieder so ein prägender Augenblick, der mein Leben in die richtige Richtung lenkte. Es war der Beginn meiner Karriere als Sportler. Ich fing an, meinen Körper in Form zu bringen. Wann immer es die Zeit zuließ, ging ich jetzt zum Sport. Liegestützen, Klimmzüge an der Reckstange, Dauerläufe. Ich holte kleinere Baumstämme im Park, die als Gewichte herhalten mussten. Ich spürte, wie mich das regelmäßige Training veränderte. Nicht nur, dass die Hemden am Brustkorb und den Oberarmen enger wurden und spannten. Der regelmäßige Sport veränderte auch mein Wesen. Der Muskelzuwachs verlieh mir ein höheres Maß an Respekt, ich war so stark wie nie zuvor in meinem Leben. Mein Selbstwertgefühl wuchs, die anderen im Heim begannen, mehr Achtung vor mir zu haben.

Zu meinen neuen Erfahrungen als stattlicher Sportsmann gehörte die Erkenntnis, dass ich jetzt in der Lage war, Schwächeren Schutz zu bieten. Ich musste nicht länger zuschauen, wenn die Kleinen im Heim von den Großen unterdrückt wurden. Ich lernte zu kämpfen wie Winnetou und Robin Hood.

Als ich vergangenes Jahr mit meiner Thaibox-Show auf dem Sperlingshof gastierte, traf ich den Erzieher von damals wieder. Er erinnerte sich sofort an unser erstes Armdrücken und wir hatten viele Geschichten zu erzählen, denn es ist ja viel passiert seitdem. Er hatte damals erkannt, dass ich ein guter Sportler werden konnte, wenn ich mich führen ließ. Er wusste aber auch, dass er mich provozieren musste, um mich zu überzeugen. Er legte meine Schwäche offen, um daraus eine Stärke werden zu lassen. Die Erzieher in den anderen Heimen, denen meine Zukunft gleichgültig war, hatten immer nur auf meinen Schwächen herumgetrampelt. Ich sagte ihm, dass ich es auch ihm verdanke, später zweimal Europameister geworden zu sein. Mein Erzieher von damals, der heute ein älterer Herr ist, schmunzelte. Ich glaube, in diesem Moment ist er stolz gewesen auf seinen ehemaligen Zögling. Im Armdrücken würde er heute keine Chance mehr haben gegen mich, aber vielleicht würde ich ihn auch gewinnen lassen. Der Sport hat mich gelehrt, ausgeglichener und gelassener durchs Leben zu gehen. Außerdem ich habe noch so viel zurückzugeben.

Kapitel 2
Lehrjahre

Lehrjahre Ich war 15 ½ Jahre alt, hatte die Schule geschafft und wollte ein berühmter Boxer werden. Dieses Leben, das mir bisher so wenige Chancen eröffnet hatte, war vielleicht doch nicht so schlecht. Das regelmäßige Training tat mir gut, mit jedem Mal wurde mein Willen stärker. Es gab ein Ziel, für das es sich zu kämpfen lohnte. Ich wollte raus aus dem Sperlingshof und endlich ein Leben beginnen, das ich bestimmen durfte. Das Jugendamt allerdings schien nicht auf meiner Seite, denn ich sollte ins nächste Heim. Nur dem Engagement meiner älteren Schwester Carola ist es zu verdanken, dass es anders kam. Erst konnte ich bei ihr wohnen, dann verhandelte sie mit der Behörde und bekam nach langem Hin und Her die Zusage, dass ich nicht ins nächste Heim musste, sondern eine eigene kleine Wohnung bekäme, wenn ich vorher eine Ausbildung beginnen würde. Ich konnte die Freiheit spüren, auch wenn sie noch mit einer Bedingung verknüpft war. Kein Zimmer mehr, das ich mit bis zu fünf anderen Kindern teilen musste. Kein Gerangel mehr ums Essen, keine Ungerechtigkeiten, keine Unterdrückung mehr. Wie oft hatte ich davon geträumt? Mein Kumpel da oben im Himmel hielt also Wort und ich würde ihm alles zurückzahlen, wenn ich eines Tages so weit wäre. Jetzt brauchte ich nur noch eine Lehrstelle. Ich war zwar ein guter Schüler geworden und konnte lesen und schreiben, ein persönliches Gespräch aber schien mir immer noch erfolgversprechender als ein Bewerbungsschreiben. Laut reden und dabei überzeugend auftreten gehörte neuerdings zu meinen Stärken. Ein Talent, das ich meinem Sport und dem dort gewonnenen Selbstbewusstsein verdankte.

Es gab den Malerbetrieb Pflüger in Pforzheim, an dem ich schon ein paar Mal vorbeigelaufen war. Dort wollte ich arbeiten. Ich rannte hinein, stellte mich vor und sagte sofort, dass ich hier gerne als Malerlehrling anfangen würde, am besten gleich. Ich habe später in meinem Leben oft festgestellt, dass ein paar gerade und ehrliche Sätze von der Leber weg eine bessere Wirkung haben können als salbungsvolles Palaver. Diese von Herzen kommenden Sätze ließen mich später so manches Mal bei Rededuellen mit Politikern in Talkshows oder bei Wahlkampfveranstaltungen als Sieger aus dem Ring klettern. Punktsieger Hück.

Selbst einen Staatsanwalt habe ich allein durch meine offene Art überzeugen können. Er wollte mich ins Gefängnis stecken, es ging um eine Körperverletzung. Das Amtsdeutsch klingt immer so hart und unnachgiebig für das, was da bei einer kleinen Schlägerei wirklich passiert ist. Ich sollte also ins Gefängnis und darüber wollte ich mit dem Staatsanwalt sprechen. »Warum wollen Sie mich in den Knast schicken?«, fragte ich ihn. »Weil du jemanden umgehauen hast«, antwortete der Herr. »Der andere hat aber auch zugeschlagen – und wie«, versuchte ich den Hergang des Geschehens zu meinen Gunsten zu drehen. »Und was soll ich jetzt mit dir machen? Bist du mit einer Bewährungsstrafe einverstanden?« Das schien mir ein faires Angebot zu sein. »Na klar, was soll ich sonst machen?« Die Sache endete also glimpflich für mich, weil ich das Gespräch gesucht hatte. Oft habe ich in meinem Leben von der Überzeugungskraft meines Vortrags profitiert. Auch die Witwe Pflüger vom Malergeschäft muss ich vom ersten Moment an beeindruckt haben mit meinem entschlossenen Auftreten. Ich bekam meine erste Lehrstelle, ich war frei, endlich! Es wurde eine gute Lehre. Ich lernte das Gefühl kennen, gebraucht zu werden. Mein Selbstwertgefühl, das im Heim fast zerstört worden war, wurde durch die tägliche Arbeit stärker. Maler und Lackierer – ich war stolz auf meinen Beruf und nahm mir vor, diese Ausbildung so schnell wie

Uwe Hück bei einer Versammlung

möglich durchzuziehen. Die andere Zeit widmete ich meinem Sport, jede freie Minute, jeden Tag. Ich hatte Gefallen gefunden an Kampfsportarten, denn dort war ich der Chef, alleinverantwortlich für mein Handeln. Ich konnte frei entscheiden und musste mich nicht anderen Mitspielern unterordnen. Anders als bei den Ballsportarten, deren Faszination ich zwar teilte, bei denen ich aber weniger Talent erkennen ließ. Das Bild vom Boxer im Ring, alleine auf sich gestellt, passte besser zu mir als das vom Fußballspieler, der die Bälle abgeben und seine Erfolge immer durch elf teilen muss. Außerdem wollte ich mit meinem Sport Geld verdienen und das schien mir beim Fußball nicht so leicht realisierbar zu sein.

Ich lernte die Grundtugenden asiatischer Kampfsportarten kennen. Feste Regeln, an die sich jeder bedingungslos zu halten hatte. Anders als früher aber wollte ich mich jetzt diesen Regeln unterwerfen, denn ich konnte ihren Sinn verstehen. Beim Taekwondo verinnerlichst du mit fortschreitender Praxis Tugenden wie Höflichkeit, Integrität, Durchhaltevermögen, Selbstdisziplin und Unbesiegbarkeit. Du lernst, Konzentration, Schnelligkeit, Ausgeglichenheit und Masse in einen Einklang zu bringen; du beginnst, deine Atmung zu kontrollieren. Ich profitierte von allem, was ich lernte zu dieser Zeit, doch die richtige Sportart suchte ich noch. Ich hätte in Pforzheim viele Möglichkeiten gehabt, in der Stadt rannten ein paar damals schon bekanntere Boxer herum. René Weller, fast zehn Jahre älter als ich, war damals schon Europameister und deutschlandweit eine große Nummer als »der schöne René«. Beim SC Pforzheim kämpfte damals auch Markus Bott, der es 1984 immerhin nach Los Angeles zu den Olympischen Spielen schaffte.

Eines Tages lernte ich einen Thaiboxer kennen. Rückblickend kann ich sagen, dass es immer bestimmte Menschen waren, deren plötzlicher Eintritt in mein Leben eine entscheidende Richtungsänderung brachte. Jean-François war Vize-Weltmeister und die ungeheure Wucht und Dynamik seines Kampfstils imponierte mir sofort. Er erkannte wohl mein Talent, sah aber auch, dass es mir an technischer Ausbildung fehlte. Diese traditionelle thailändische Nationalsportart erfordert ein hohes Maß an Technik. Wenn die alten Krieger keine Schwerter oder Speere mehr hatten, mussten Beine, Fäuste und Ellbogen eingesetzt werden. Jean-François eröffnete mir diese Welt des Kampfsports, die nicht auf die Fäuste beschränkt bleib. Das war genau mein Ding! Ich fing an zu trainieren wie ein Wahnsinniger, ich war besessen von meinem neuen Sport. Ich lernte schnell, ich brannte, ich lechzte nach Erfolg.

Jean-François blieb mein ungeheurer Wille nicht verborgen und irgendwann fragte er mich, ob ich mir vorstellen könne, mit Thaiboxen Geld zu verdienen. Meine Lehrzeit näherte sich ihrem Ende, als mich die Chefin des Malerbetriebs zu sich rief. Es sollte ein perspektivisches Gespräch werden und die Witwe Pflüger machte mir schließlich das Angebot, als Meister dem Betrieb erhalten zu bleiben. Ich, der ehemalige Sonderschüler, das aufsässige Heimkind, sollte Meister werden! Ich lehnte ab. Ich habe mir die Entscheidung damals nicht leicht gemacht, doch meine Karriere als Thaiboxer lief gerade an und lockte mich noch mehr. Ich war 18 und wollte noch so viel erreichen.

Nach meiner Lehre hielt ich es für angebracht, einen weiteren Betrieb kennenzulernen. Ich fand eine Halbtagsstelle im Malergeschäft Horst Zimmer. Auch hier hätte mich der Meister gerne länger beschäftigt, doch meine Karriere als Thaiboxer lief bereits auf voller Drehzahl. Mir war es wichtiger, den Rest des Tages trainieren zu können, das fehlende Geld würde ich schon irgendwie verdienen. Die ersten Kämpfe liefen gut, ich wurde von ernsthafteren Verletzungen verschont, jetzt wollte ich Titel! Immer öfter profitierte ich von den Erfahrungen meiner Zeit im Heim. Wo mir die Technik fehlte, einen Kampf zu entscheiden, musste ich Geduld haben, und den Gegner in kleinen Schritten zermürben. Wie früher, wenn sie mich eingesperrt haben. Wenn sie gedacht haben, zwei Tage Einzelhaft hätten mich zur Vernunft gebracht. Im Ring war ich bald so weit, einen überlegenen Gegner verzweifeln zu lassen. Zehn, zwölf, dreizehn Treffer hatte er bereits gelandet und noch immer schien ich unbeeindruckt. Ich lernte, den Schmerz zu beherrschen und keine Reaktion zu zeigen, so hart mich die Schläge und Tritte auch erwischten. Irgendwann begann mein Gegner, an der Wirkung seiner Schläge und damit auch an sich zu zweifeln. Im Fachjargon spricht man von Nehmerqualitäten, etwas einfacher ausgedrückt sage ich heute, dass ich eine Menge einstecken konnte. Meine Gegner waren jetzt gezwungen, nachzudenken, was sie falsch machten und das war oft ihr entscheidender Fehler. Wenn du beim Fußball als Stürmer vor dem Tor stehst, darfst du nicht überlegen, ob der Ball reingehen wird. Ein zweifelnder Stürmer wird eher eine Kerze schießen als das leere Tor zu treffen. So ist das beim Thaiboxen auch. Ich konnte die Augen meiner Gegner sehen und ihre fragenden Blicke, was da wohl gerade passiert im Ring. In dem Moment hatte ich so gut wie gewonnen. Mit dieser Erkenntnis, von dieser psychologischen Sicherheit beflügelt, konnte ich anfangen, meine Technik weiter zu entwickeln. Manchmal hatte ich das Gefühl, wir wären nicht mehr aufzuhalten. Meine Trainingspartner und ich wirkten gnadenlos siegorientiert, wir wollten gewinnen, jeden Kampf! Wenn du als Sportler so weit gekommen bist, wenn du es geschafft hast und keine Grenzen mehr fühlst, wartet aber schon die nächste Gefahr auf dich. Du darfst nicht in Selbstgefälligkeit verfallen, schon das erste Anzeichen von Überheblichkeit kann dein Ende bedeuten. Du darfst die Regeln nicht vergessen. Du musst den Unterschied zwischen Gegner besiegen und Gegner vernichten verinnerlichen, du darfst den Respekt vor dem anderen Sportler nie verlieren. Mir wurde das besonders klar, als ich gegen einen Franzosen kämpfen musste. Wir kannten uns nicht, sahen uns das erste Mal überhaupt, als wir uns im Ring gegenüber standen. Das ist der Moment, in dem du versuchst, dem anderen ein möglichst ernstes, furchteinflößendes Gesicht zu zeigen. Schon beim Kennenlernen musst du dir Respekt verschaffen. Wir standen da, zerfleischten uns quasi mit unseren Blicken, dann begann ein mörderisch harter Kampf. Außenstehende würden sagen, wir kämpften wie um unser Leben. Kopftreffer, Körpertreffer, Leberhaken, die uns die Luft zum Atmen nahmen, dazu der stechende Schmerz in der Oberschenkelmuskulatur nach vielen harten

Tritten. Ein intensiver Kampf, der uns beide bis an die Grenzen führte und dessen glücklicheres Ende ich feiern durfte: Punktsieger Hück!

Als alles vorbei war, gingen der Franzose und ich gemeinsam in die Umkleidekabine. Kein böses Wort, kein wilder Blick mehr, wir lächelten beide, auch wenn es weh tat. In der Kabine sprachen wir über Gott und die Welt, wir reflektierten unsere Schläge von eben und wechselten die Themen, wie sie uns in den Sinn kamen. Es war die Achtung vor dem Gegner, der Respekt vor seiner Leistung, die gebotene Fairness in dieser knallharten Sportart, die uns in diesem Moment fast zu Freunden werden ließ. Die vielen positiven Erlebnisse, die ich mit meinem Sport verbinde, haben mich später auch veranlasst, meine Söhne zum Thaiboxen zu bringen. Ich wollte nicht, dass sie das Schlagen und Prügeln auf der Straße lernen. Sie sollten die hohen moralischen und ethischen Werte des Sports mit all seinen Regeln kennenlernen und ich halte das Thaiboxen auch heute noch für sehr geeignet. Moral und Anstand lernst du nicht nur in der Kirche!

Mit den zunehmenden Erfolgen gegen immer stärkere Gegner konnte ich ambitioniertere Ziele definieren. Zuerst brauchte ich ein professionelleres Umfeld, das es mir gestattete, mich mehr auf den Sport zu konzentrieren. Ich fand einen Manager, einen dieser windigen Typen, die sich zu Dutzenden in der Szene tummelten. Er schloss Kämpfe für mich ab und kümmerte sich vor allem darum, dass ich immer bessere Gegner bekam. Ich brauchte Geld und wollte Titel – die sehr einfache Formel meines Erfolgs als Thaiboxer – und dieser Manager sollte meine Karriere in die richtigen Bahnen lenken. Ich wurde Profi und wie so oft, wenn ich von einer Sache zu 100 Prozent überzeugt war, verlief die Entwicklung rasend. Schnell gewann ich meinen ersten

Uwe Hück beim Thaiboxen

Kampf um die Europameisterschaft. Die Dinge entwickelten sich positiv und ich hatte allen Grund, zufrieden zu sein. Die anderen Pforzheimer Boxer suchten meine Nähe, ich wurde populärer und mein Glaube an die perfekte Karriere war unerschütterlich. Nur meine Hoffnung, vom Boxen alleine leben zu können, erfüllte sich nicht ganz so schnell. Die Eingänge auf meinem Konto blieben deutlich hinter meinen Erwartungen zurück, obwohl ich Tag und Nacht für meinen Sport arbeitete. 2500 DM pro Kampf waren sicherlich gutes Geld, aber wie oft konnte man denn schon in den Ring in meiner Gewichtsklasse? Je höher ich eingestuft wurde, desto härter wurden die Treffer. Je härter die Schläge, desto länger die Erholungsphasen. Ich kämpfte und kämpfte, ich investierte mehr als je zuvor, doch irgendwie reichte es nie.

Ich kam dahinter, dass mein Manager mich betrog. Während er pro Kampf bis zu 20 000 DM einnahm, gab er mit gerade 12 Prozent der Einnahmen ab. Ich wusste aus Erzählungen, dass diese ausbeuterischen Geschäftspraktiken durchaus normal waren in diesem Geschäft, dass aber mein Freund – und dafür hielt ich ihn damals tatsächlich – mich derart betrog, verursachte bei mir fast die Wirkung eines Leberhakens. Nachdem ich meine zweite Europameisterschaft gewonnen hatte, schmiss ich ihn raus. 2500 DM für eine erfolgreiche Titelverteidigung empfand ich als schlechten Witz und ich musste doch von etwas leben. Wohnung, Essen, Sportausrüstung – ich brauchte Geld! Damals war ich mit dem Boxer Markus Bott befreundet und vielleicht hätte ich in dieser Szene einen besseren Manager gefunden, aber irgendein Instinkt sagte mir, dass es besser sei, auf Distanz zu bleiben. Auch wenn mir klar war, dass ich mich finanziell nicht lange halten würde.

Ich brauchte Geld, wenn die Weltmeisterschaft in Thailand, von der ich nicht nur heimlich träumte, nicht ein ewiges Ziel bleiben sollte. In der Zeitung fand ich eine Annonce: »Lackierer gesucht« – Porsche und Zuffenhausen stand darunter. Schon sah ich mich in der lukrativen Nachtschicht, ein paar Monate schuften und Geld verdienen, dann ab nach Thailand, Weltmeister werden. Mein Bewerbungsschreiben aber kam bald zurück. »Leider müssen wir Ihnen mitteilen, dass Sie für diese Tätigkeit nicht ausreichend qualifiziert sind« – der zentrale Satz dieser Ablehnung löste Empörung bei mir aus und das ist noch sehr dezent ausgedrückt. Ich war wütend, wieder fühlte ich mich ungerecht behandelt. Ich, der Geselle, den meine Chefin so gerne als Meister behalten hätten, nicht gut genug für Porsche? Ich rief in der Firma an und schaffte es irgendwie, zu dem Absender meiner Absage durchgestellt zu werden. »Wie kommen Sie dazu, aus der Ferne zu beurteilen, dass ich nicht qualifiziert genug bin für diesen Job? Schreiben Sie doch, dass Sie keinen Platz haben oder dass Sie keine Kinder aus dem Heim gebrauchen können! Schreiben Sie irgendetwas, aber nicht, dass es mir an Qualifikation fehlt!« Wieder schienen meine klaren Worte eine Tür zu öffnen. »Kommen Sie doch einfach mal vorbei und lassen Sie uns reden«, verabschiedete mich der Mann aus der Personalabteilung. Ich fuhr nach Zuffenhausen. Meine Wut war so groß, dass ich einen Moment lang überlegte, den Raum mit der Tür vorweg zu betreten. So wie im Heim, wenn sie mich wieder mal gekränkt und nicht gut behandelt hatten.

Nach einer Weile – ich hatte mich inzwischen beruhigt – fragte der Mann: »Können Sie sich vorstellen, hier zu arbeiten?« Ich überlegte nicht lange: »Wenn's sein muss, kann ich das machen, ja.« Das war mein Einstieg bei Porsche, vom 1. April 1985 an war ich Porscheaner. Ich kam in die Nachtschicht, wie ich es gewünscht hatte. Ich war Lackierer bei der Dr. Ing. h.c. F. Porsche AG.

Kapitel 3

Familienjahre

Familienjahre Ende der siebziger Jahre kamen die *boat people*: vietnamesische Flüchtlinge in kleinen Schiffen und Booten, auf denen viele wochenlang im südchinesischen Meer umhergeirrt waren. Der Krieg in Vietnam war zu Ende, die kommunistischen Sieger aus dem Norden konnten in den Süden vordringen, doch die Hoffnung der Menschen auf Frieden nach fast 30 Jahren Krieg erfüllte sich nicht. Mit der Wiedervereinigung von Nord- und Südvietnam begann die Zeit der politischen Verfolgungen und diese beschränkten sich keineswegs auf politische Gegner. Es gab Berichte von Verfolgungen und Ermordungen ethnischer Minderheiten, die sich vor allem gegen Vietnamesen chinesischer Abstammung richteten. Etwa 1,5 Millionen Menschen entschlossen sich damals, ihr Land auf dem Seeweg zu verlassen, denn im benachbarten Kambodscha wären sie den Roten Khmer in die Hände gefallen, in Laos den Pathet Lao – beides hätte den sicheren Tod bedeutet. Die Kommunisten beherrschten von 1975 an ganz Indochina. Überall in Vietnam entstanden sogenannte Umerziehungslager, in denen internationalen Schätzungen zufolge 1,3 Millionen Menschen den Tod gefunden haben sollen. Der zweite große Exodus aus Vietnam setzte ein und das Risiko, auf der Flucht in diesen oft winzig kleinen Booten unterzugehen, nahmen die Flüchtlinge in Kauf. Immer noch besser als den Kommunisten in die Hände zu fallen, sagten sich viele dieser verzweifelten Menschen. Die Bilder von vietnamesischen Schiffsflüchtlingen gingen damals um die Welt und ich kann mich erinnern, dass mich ihr Schicksal sehr betroffen gemacht hat. Völlig überlastete Kähne, winzige Fischerboote – oft manövrierunfähig –, unter Plastikplanen zusammengekauerte Menschen, krank und von Hunger und Durst gezeichnet. Viele von ihnen von Piraten ausgeraubt, die Frauen vergewaltigt. Wer bis an die Küsten Malaysias, Thailands oder bis Indonesien durchkam, hatte es noch nicht geschafft. Oft wurden die *boat people* einfach wieder aufs Meer zurückgeschickt, weil man nicht genug Platz für so viele Asylsuchende zu haben glaubte. Später erschienen Schätzungen der Vereinten Nationen, in denen von bis zu 500 000 Vietnamesen die Rede war, die ihre Flucht nicht überlebt haben.

Das Land Niedersachsen holte Ende der siebziger Jahre die ersten vietnamesischen Flüchtlinge nach Deutschland, insgesamt kamen circa 38 000 aus den Auffanglagern in Südostasien in die Bundesrepublik. Die schlimmen Bilder der humanitären Katastrophe hatten den Westen endlich handeln lassen, die USA und Kanada nahmen die erste Einwanderungswelle auf. In Deutschland wurden die vietnamesischen Flüchtlinge vom Lager Friedland aus auf verschiedene Orte verteilt. So kam es, dass eine größere Gruppe hier bei uns in Pforzheim Zuflucht fand. Bei ihrer Ankunft mit dem Flugzeug besaßen diese Menschen nur, was sie am Leibe trugen, mehr nicht.

In der Zeitung las ich, dass die Caritas begonnen hatte, sich um die Flüchtlinge aus Vietnam zu kümmern. Ich wollte auch helfen. Ich war zwar kein Mitglied dieses Wohlfahrtsverbandes, aber ich kannte ein paar Leute dort, und mir gefiel, wie schnell und unkompliziert geholfen wurde – unabhängig von der Herkunft und der Nationalität. Es dauerte nicht lange und ich bekam Kontakt zu den Vietnamesen. Viele von ihnen wohnten in einfachsten Verhältnissen und vieles erinnerte mich an meine Zeit im Heim. Ich konnte nachempfinden, wie diese Menschen sich fühlten. Ich wusste nur zu gut, was soziale Kälte bedeutete. Ich begann, Geld, Möbel und Lebensmittel zu organisieren. Sherwood Forest war überall, auch in Pforzheim.

Bei meinen regelmäßigen Besuchen fiel mir Herr Ho auf,

ein Mann, aus dessen Erzählungen ich schließen konnte, dass er es schon zu Hause in Vietnam zu etwas gebracht hatte. Man könnte sagen, er war ein Unternehmer gewesen. Als Kind im zerbombten Vietnam hatte er sich lange durch den Verkauf von Gebäck, das seine Mutter herstellte, über Wasser gehalten. Als junger Mann reichte es zu einem kleinen Laden, bevor er sich später einen Kleinlastwagen leisten konnte: ein Transporter mit drei Rädern, vergleichbar mit dem Goliath GD 750, den man bei uns in den fünfziger Jahren häufig sehen konnte. Mit 26 Jahren heiratete Herr Ho seine Frau, die auf ein nicht weniger bewegtes Leben zurückblickte. Als achtjähriges Mädchen war sie aus China nach Vietnam verkauft worden. Der Zweite Weltkrieg tobte auch in Asien und sie musste sich als Dienstmädchen durchschlagen, alleine und ohne Familie. Eine Schule hatte sie nie besucht, sie ist heute noch Analphabetin. Ihren Mann lernte sie als Dienstmädchen in einer reichen Familie kennen – den Mann, der ihr 40 Jahre später helfen würde, ihre Familie in Kanton wiederzufinden. Herr Ho wurde Spediteur in der Nähe von Saigon. Das Geld reichte, um eine Familie zu gründen und zu ernähren, was im Vietnam der Nachkriegszeit schon als große Leistung galt. Manchmal reichte es sogar, um Rücklagen zu bilden. Die Zeiten aber änderten sich und privates Unternehmertum im neuen Vietnam stieß bald auf breites Misstrauen. Unter der kommunistischen Regierung war Privatbesitz verpönt, geächtet als ein Zeichen der überwunden geglaubten Ära des Kapitalismus. Außerdem zählte Herr Ho zu den Menschen, die nicht bereit waren, Unrecht unwidersprochen hinzunehmen. Schon als Gewerkschafter war er häufig angeeckt, weil er seinen Mund nicht halten wollte. Seine kritischen Worte gegen den Kommunismus brachten ihn jetzt oft in Gefahr, außerdem hatte er monatelang Deserteure versteckt, die aus der kommunistischen Armee oder Umerziehungslagern geflohen waren. Dabei fand Herr Ho das System gar nicht so schlecht, denn endlich wurde der Korruption, die überall in diesem Land grassierte, Einhalt geboten. Dass aber der Kommunismus dem Individuum nicht genug Freiheit ließ und die persönlichen Rechte immer weiter eingeschränkt wurden, missfiel dem Familienvater, und er machte keinen Hehl aus seiner Geringschätzung der neuen Machthaber. Er legte sich mit der Obrigkeit an und machte sich Feinde.

Herr Ho, damals noch keine 40 Jahre alt, zog die Flucht dem Umerziehungslager vor, auch wenn er damit seinen gesamten Besitz verlieren sollte. Die vietnamesischen Behörden gestatteten einer bestimmten Anzahl von Angehörigen der chinesischen Minderheiten eine geregelte Ausreise, wenn sie bereit waren, sich mit Gold freizukaufen. Herr Ho hatte etwas Gold, als er vor der neuen Ausreiseregelung erfuhr. Aber es musste schnell gehen und es blieb nicht viel Zeit, um zu packen. Das Boot, das seine Familie außer Landes bringen sollte, erwies sich schon nach ein paar Stunden als seeuntüchtig und sie mussten umkehren. Nach ein paar Tagen im Trockenen gelang ihnen schließlich der zweite Versuch, außer Landes zu kommen. Doch auch dieses Mal verlief nicht alles reibungslos. Der Kompass funktionierte nicht und aus den kalkulierten zwei bis drei Tagen auf See wurde fast eine Woche unter lebensgefährlichen Bedingungen. Ohne Wasser und Treibstoff trieb die Familie hilflos durch das chinesische Meer, als sie eines Tages Land in Sicht hatte. Sie strandete auf einer zu Malaysia gehörenden Insel, ohne sich gerettet fühlen zu dürfen. Die Behörden, die es zu dieser Zeit mit einem Heer an Flüchtlingen zu tun hatten, ließen die *boat people* nicht ohne Weiteres an Land. In seiner Verzweiflung zerstörte der Kapitän mithilfe einiger junger Männer das eigene Boot, um bloß nicht wieder zurückgeschickt zu werden. Da standen sie im seichten Wasser, umspült von den Trümmern ihrer kläglichen Flucht, und versuchten, ihre Aufnahme zu erpressen. Doch die Grenzsoldaten am Strand ließen die von Hunger und Durst gezeichneten Menschen einfach in der prallen Mittagssonne im Wasser stehen. Erst kurz vor Sonnenuntergang, als alle schon völlig entkräftet waren, durften sie an Land. Dann brachte man sie in ein Lager, zusammengepfercht mit anderen Flüchtlingen, ohne ausreichende Nahrung und Hygiene. Als die damals elfjährige Tochter in ihrer Verzweiflung in einem benachbarten Garten versuchte, Süßkartoffeln auszugraben, und dabei von den Wachen erwischt wurde, musste sie zur Strafe 100 Kniebeugen machen. Das unvorstellbare Leid dieser Menschen hörte auch hier, in der sogenannten Freiheit nicht auf. Nach etwa zwei Monaten auf dieser malaysischen Insel mussten sie zurück aufs Wasser. Verteilt auf insgesamt sechs kleine Boote schleppte man sie zurück aufs offene Meer, ohne ausreichende Wasser- und Treibstoffvorräte. Als sie weit genug vom Land entfernt waren, kappten die Soldaten im großen Boot die Leinen und drehten ab. Vier oder fünf dieser kleinen Boote ereilte das Schicksal, das die überforderten Behörden Malaysias wohl so erwartet hatten: Sie kenterten in den heftigen Stürmen, wie sie im Juni und Juli gefürchtet sind und die selbst erfahrene Fischer an Land bleiben lassen. Diese armen Menschen ertranken, als ihre Nussschalen von den hohen Wellen verschluckt wurden. Der Rest der Gruppe trieb weiter hilflos irgendwohin. Mit viel Glück und einem unbändigen Glauben an eine bessere Zukunft irgendwo auf dieser Welt, am besten in Amerika, schaffte es die Familie von Herrn Ho, die Stürme zu überstehen. In ihrem Tagebuch erinnert sich die Tochter, dass die jungen Männer in ihrem Boot unablässig das eindringende Wasser mit kleinen Eimern schöpften. Bereits zwei Tage waren sie ohne Treibstoff in einem kaputten Boot auf offener See umhergetrieben. Die Hoffnung auf Rettung hatten sie jedoch nicht aufgegeben und unablässig laut gebetet. Ihre Gebete wurden erhört, denn sie entdeckten ein großes Schiff am Horizont. Es schien das kleine Boot mit Flüchtlingen nicht bemerkt zu haben, auf die Schreie und Rufe der Vietnamesen kam keine Antwort und das SOS-Zeichen auf ihrer Flagge erregte auch keine Aufmerksamkeit. Doch wie sollten sie zu dem Schiff kommen? Ihr Boot war schon lange manövrierunfähig, von Wind und Sturm getrieben. Dieses Schiff da, die mögliche Rettung, umkreiste sie mehrmals. Die Besatzung dieses Handelsschiffes allerdings zeigte sich mit dieser unerwarteten Situation überfordert. Die Flüchtlinge überlegten, ob sie mit ihren Händen paddeln könnten, um das Boot irgendwie in Bewegung zu bringen, als einer der jungen Männer plötzlich über Bord sprang, ungeachtet der Haie, die hier nichts Besonderes waren und die schon seit Tagen um das Boot herumschwammen. Der Junge schaffte es wie durch ein Wunder bis zu dem großen Schiff und wurde völlig entkräftet an Bord geholt. Es war ein internationales Handelsschiff, das Stahlrohre geladen hatte. Es gelang dem Flüchtlingsjungen nicht sofort, dem deutschen Kapitän die Situation zu schildern, und dieser ließ die Flüchtlinge warten. Erst als der nächste Sturm aufzog, erkannte die Besatzung die Gefahr, in der sich die geschwächten Menschen befanden. In dieser Nacht ihrer Rettung wurde ein Baby geboren, ein Flüchtlingskind in Sicherheit, aber noch lange nicht zu Hause.

Nach einer Woche an Bord warteten wieder die Behörden Malaysias auf sie. Nach Befragungen, Untersuchungen und Impfungen erhielten sie in Kuala Lumpur schließlich Papiere. Das Internationale Rote Kreuz sorgte dieses Mal für ein gutes Ende, nur ihr Traumziel Amerika sollten sie nicht erreichen. Nach Monaten einer abenteuerlichen Odyssee landete die Familie schließlich in einem Flüchtlingssammellager in Pforzheim. Insgesamt waren es 41 Menschen, die als erste vietnamesische Gruppe von Baden-Württemberg aufgenommen wurde. Ein halbes Jahr lebte die Familie Ho in diesem Lager, in einem Zimmer für acht Personen. Bad und Toilette mussten mit den anderen Bewohnern geteilt werden.

Ich war oft dort, um zu helfen. Einmal strich ich die Fassade, ein anderes Mal die Fenster. Nach diesem halben Jahr im Lager bekam Familie Ho mithilfe einer Patenfamilie die erste eigene Wohnung. Mir imponierte damals, wie Herr Ho hier in der Fremde einen Neuanfang machte. Wie er einen Sprachkurs belegte, wie er als Tellerwäscher arbeitete, als Fensterputzer anheuerte, danach Lastwagen fuhr; wie er es wieder schaffte, seine Familie zu ernähren. Familienvater Ho wollte arbeiten und sparen, denn er glaubte an eine Zukunft für seine Familie. Vielleicht empfand ich auch deshalb so viel Sympathie für ihn, weil er in seiner Heimat so ein kämpferischer und selbstbewusster Gewerkschafter war. Wir freundeten uns an, seinen ältesten Sohn Kim zählte ich bald zu meiner Clique, eine Schwester namens Phuong gab es auch noch.

Wann immer Vietnamesen irgendwo in Not gerieten, ich war bereit zu helfen. Auch in der Disko, in der ich nebenbei arbeitete. Es gab häufiger Probleme mit Amerikanern und Franzosen, die damals noch als Soldaten in unserer Gegend stationiert waren. Vor allem den G.I.s schien nicht immer bewusst zu sein, dass der Vietnam-Krieg lange vorbei war. Eines Abends geriet eine kleine Gruppe dieser Soldaten mit zwei Vietnamesen aneinander. Worum es ging, kann ich heute nicht mehr sagen, aber mir war sehr schnell klar, dass ich dazwischengehen musste, wenn der Streit nicht eskalieren sollte. Zu dieser Zeit gab es häufig Auseinandersetzungen in unseren Lokalen. Meistens passierten sie dort, wo viele Jugendliche verschiedener Nationalitäten aufeinandertrafen. Manchmal genügten ein paar klare Worte und ein böser Blick und die Sache war erledigt. Diese Amerikaner in der Diskothek zeigten sich allerdings sehr uneinsichtig und mein Schlichtungsversuch endete in einer Schlägerei. Die G.I.s landeten, nicht unerheblich verletzt, bei der Militärpolizei und ich stand wieder einmal vor Gericht: Da saßen diese drei oder vier amerikanischen Kleiderschränke und erzählten ihre Version des Geschehens, als meinem Rechtsanwalt während der Verhandlung die Idee kam, mich aufstehen zu lassen. »Sagen Sie uns, Herr Richter, wie soll dieser Junge denn diese körperlich überlegenen Soldaten überhaupt verletzt haben?«, fragte der Anwalt mit gespielter Naivität. Als der Richter sah, dass ich mit meinen 80 Kilogramm wesentlich schmächtiger war als meine Kontrahenten, wurde das Verfahren kurzerhand eingestellt. Er wusste ja nicht, dass ich als durchtrainierter Thaiboxer in der Form meines Lebens war.

Mit den Pforzheimer Vietnamesen verbrachte ich jetzt einen Teil meiner Freizeit. Zu dieser Zeit kam ich auch häufiger auf den Sperlingshof zurück. Ich hatte dort zwei Kinder entdeckt, die ebenfalls aus Vietnam gekommen waren. Ihre Mutter war der Belastung von insgesamt vier Kindern nicht mehr gewachsen gewesen, denn sie hatte große gesundheitliche Probleme. Es kam noch schlimmer: Der Mann, an den sie in Deutschland geraten war, entpuppte sich als gewalttätiger Trinker. Es gab eine Menge zu tun! Ich musste die Unterbringung der armen Vietnamesin in ein Frauenhaus organisieren, musste sie vor diesem Trinker, der sie obendrein bestahl, schützen. Ich organisierte einen Rechtsbeistand für diese kleine, gebrechliche Frau. Und ich begann, mich stärker um die beiden Jungs zu kümmern. Sie wohnten in Zimmer 2 auf dem Sperlingshof und dort kannte ich mich aus. Lam Anh und Tuan Anh waren wie meine kleinen Brüder in diesem Kinderheim und wer hätte sie besser verstehen können als ich? Langsam, ganz allmählich, begann ein Gefühl in mir zu wachsen: Das Gefühl, für jemanden verantwortlich zu sein. Der gesundheitliche Zustand der schmächtigen Mutter verschlechterte sich, sie war Dialysepatientin und ich befürchtete, dass sie nicht mehr lange leben würde. Ich spürte ihren Wunsch, mich um ihre Kinder zu kümmern, für alle vier Kinder aber konnte ich unmöglich da sein. »Ich weiß, wie sehr du meine Jungs liebst. Aber kümmere dich auch um die anderen beiden«, bat sie mich immer wieder. Doch diesen Wunsch konnte ich ihr nicht erfüllen, beim besten Willen nicht.

Die vietnamesische Familie von Onkel Ho, wie ich ihn heute nennen darf, entwickelte sich prächtig. Onkel Ho war keineswegs ein Spitzname, der von Ho Chi Minh abgeleitet war, dem großen Führer des vietnamesischen Volkes, der im Krieg die Amerikaner in die Knie gezwungen hatte. Seine Familie nannte ihn Onkel, weil er ein Einzelkind war. In der Kultur seiner Heimat glaubte man, dass er ein besseres Leben haben würde, wenn er nicht Papa oder Vater, sondern Onkel genannt wurde. Außerdem war sein vietnamesischer Namensvetter kein Vorbild für Onkel Ho, denn unter den Kommunisten drohte den aus China stammenden Vietnamesen die Verfolgung und davor waren sie schließlich geflohen.

Mitte der achtziger Jahre hatte die Familie von Onkel Ho genug Geld gespart, um sich ihr erstes Ziel zu erfüllen: Sie eröffnete ein Restaurant, einen kleinen Laden in der Nähe von Pforzheim. Die Familie hatte 5 000 DM gespart und mit der Unterstützung von Bürgen bekam sie einen zusätzlichen Kredit. Das erste eigene Restaurant in Pacht, damals mit einer kleinen Dreizimmerwohnung, in die die achtköpfige Familie einzog. Ich war oft zu Gast dort, nicht nur, weil es so gut schmeckte. Später, als sich die Familie in der Gastronomie einen Namen gemacht hatte, übernahm sie ein dreimal so großes Restaurant in Mühlacker. Noch heute pflege ich mich dort mit Gästen zutreffen. Nicht wenige Journalisten, die über mich schreiben wollen, müssen zuvor die Vorzüge der großartigen Speisekarte im »Ming Fat« probieren. Eine kulinarische Kombination mit Einflüssen aus China, Vietnam und Thailand. Es ist der ideale Ort, mich richtig kennenzulernen, denn ich liebe dieses Haus und diese wunderbare Familie.

Mein Verhältnis zur Familie von Onkel Ho entwickelte sich in eine Richtung, die ich so nicht erwartet hatte. Im Lauf der Zeit lernte ich Phuong, Onkel Hos Tochter, die bei der Flucht aus Vietnam gerade mal 11 Jahre alt war, besser kennen. Gemeinsam organisierten wir traditionelle buddhistische Feste und bald sah ich mehr in ihr. Ich fand, die junge Frau wurde immer interessanter. Es war so eine Beiläufigkeit, mit der sich die Geschichte entwickelte. Ich weiß, keiner meiner Freunde hätte mir damals so viel Zurückhaltung zugetraut, aber ich blieb wirklich defensiv und ich glaube, das hat sie beeindruckt. Gerade, weil es gar nicht meiner Art entsprach. Ich hatte sie nicht wie ein Luchs als meine Beute fixiert, spielte mich nicht wie ein liebestoller Hahn auf, ich verhielt mich wirklich dezent. Wir haben oft gemeinsam

Dinge unternommen, ohne dass es zu Liebesbekundungen gekommen war. Das änderte sich und ich bekam die wunderbarste Frau, die ich mir vorstellen kann.

Wir wollten heiraten, doch wussten wir zu der Zeit noch nicht, dass da ein paar Hürden zu nehmen waren. Onkel Ho, ein gläubiger Buddhist, wollte von höchster Stelle das Plazet für die Eheschließung seiner Tochter einholen. Also fuhren wir aus Anlass des Festes zu Buddhas Geburt nach Hannover. Die Familie, dicht gedrängt in Onkel Hos japanischen Kleinbus, machte sich auf den Weg in einen buddhistischen Tempel. Sie wollten dort herausfinden, ob ich der geeignete Schwiegersohn sei.

Der Test war nicht einfach, schon gar nicht für einen Mann, dem filigranes Handwerk fremd war. Ich musste ein Bambusrohr nehmen, in dem 99 Räucherstäbchen steckten, jedes mit einer Nummer versehen. Diese Behälter stehen in fast allen Tempeln Asiens, unabhängig von Glauben oder Religion. Hier in Hannover wartete eine schwere Prüfung auf mich: Ich musste das Bambusrohr vorsichtig in der linken Hand halten und – ohne die anderen zu berühren – mit der anderen Hand ein nummeriertes Stäbchen herausnehmen. Dann ging mein zukünftiger Schwiegervater zu einem Buch und schaute unter der entsprechenden Nummer nach, ob das mit mir und seiner Tochter passen würde. Onkel Ho hat mir niemals verraten, was er gemacht hätte, wenn ich die Situation vermasselt hätte. Auf jeden Fall bewegte ich dieses Bambusgefäß mit einem Höchstmaß an Anspannung und Konzentration, wie ein zittriger Mikado-Spieler mit Schweiß auf der Stirn. Ich war an diesem Tag sehr aufgeregt, aber ich kann mich noch erinnern, dass ich es tatsächlich schaffte und die Prüfung bestand. Onkel Ho fällte ein eindeutiges Urteil: Punktsieger Hück, die Sache ging klar!

Für die andere Hürde auf dem Weg in meine Ehe war ich selbst verantwortlich. Ich hatte Phuong verschwiegen, dass ich ihrer Landsmännin versprochen hatte, mich um die beiden Jungs auf dem Sperlingshof zu kümmern. Meine zukünftige Ehefrau wusste noch nicht, dass sie als Hochzeitsgeschenk zwei prachtvolle Söhne bekäme. Ich hatte eine Familie gegründet, ohne dass alle Beteiligten davon wussten. Die Mutter von Lam Anh und Tuan Anh lebte zu dieser Zeit noch, hatte aber einer Annahme an Kindes statt längst zugestimmt. Ich hatte also die beiden Jungs, und Phuong zeigte sich zunächst nicht begeistert. Es entspricht ihrer Lebenseinstellung, nicht alles von sich preiszugeben und es ist mir deshalb auch heute noch eine Selbstverständlichkeit, die Details unserer kleinen Debatte von damals für mich zu behalten.

Ich musste erst noch lernen, mich in dieser neuen Phase meines Lebens einzurichten. Bis jetzt hatte ich alleine gelebt in meiner Wohnung. Ich war ein Einzelgänger und ein Einzelkämpfer, von frühester Kindheit an auf mich alleine gestellt. Jetzt wohnte ich mit einer Frau zusammen und musste plötzlich Absprachen treffen. Wir rauften uns zusammen, Phuong wurde eine großartige Mutter und zum vollkommenen Glück unserer Familie kam 1995 unser Sohn Vincent hinzu.

Mehr als zehn Jahre später schrieb der *Stern* eine große Geschichte über meinen Aufstieg bei Porsche. Eine mehrseitige Reportage über meine Karriere und mein Familienleben, bei der die Umstände der Geburt von Vincent für eine ebenso humoristische wie bezeichnende Note sorgten. Die Autorin, mit der ich übrigens auch im »Ming Fat« zu Abend gegessen habe, beschrieb meinen fürsorglichen Umgang mit Phuong, nachdem ich sie ins Krankenhaus zur Entbindung gebracht hatte. Meine Gelassenheit, meinen Überblick, meine freundlichen Worte für das Klinikpersonal, bis sich die Ankunft von Vincent am Abend immer weiter verzögerte und ich ein bisschen nervös wurde. »Schatz, entweder es tut sich jetzt was oder wir haben ein Problem. Ich muss nämlich morgen früh um neun in München eine Rede halten. Da streiken IG-Metall-Kollegen!«, zitierte mich der *Stern* korrekt.

Ich schafft es, sowohl bei Vincents Geburt dabei zu sein als auch rechtzeitig meine Rede in München zu halten. Das Bild von Hück, der ständig unter Strom steht und an allen Fronten kämpft, passte vortrefflich. Den Spagat zwischen Familie und Beruf begreife ich heute als meine größte Herausforderung und ich glaube, ich habe das gut hinbekommen bis jetzt, trotz gelegentlicher »Fehlzeiten« zu Hause. Ich habe eine wundervolle Frau, drei Kinder und einen Job, der noch lange nicht erledigt ist.

Kapitel 4

Der Aufstieg

Der Aufstieg Als ich bei Porsche anfing, hatte ich mich auf eine befristete Arbeit eingestellt. Ich dachte damals in kurzen Zeitabschnitten und zwei Jahre erschienen mir schon wie eine viel zu lange Zeit. Ich brauchte viel Geld, um nach Thailand zu fliegen. Dort würde ich Weltmeister werden und als gemachter Mann zurück kommen. Der Plan war klar. Es dauerte jedoch nicht lange und ich sah die ersten Probleme meines neuen Berufslebens auf mich zukommen. Es gab einen Meister in der Lackiererei, der sich vor allem durch einen respektlosen Umgang mit den Kollegen hervortat. Ein selbstherrlicher Patriarch, der seine bescheidene Vormachtstellung ausnutzte, um uns zu drangsalieren. Ich war als selbstbewusster und zuversichtlicher junger Mann zu Porsche gekommen und ich hatte das Gefühl, dass ich etwas werden konnte in dieser Firma, auch wenn ich nicht ewig bleiben wollte. Ich, der stolze Sportler, und Porsche, dieser berühmte Sportwagenhersteller. Es schien zu passen, wäre nur dieser Meister nicht gewesen. »Halt' dei' Gosch, sonst gehst' zu Bosch!« lautete einer seiner schroffen Befehle, wenn er seine Macht wieder einmal beweisen wollte. Ein paar Mal hatte ich das schon gehört und immer für einen Witz gehalten, denn mich hatte er ja nicht gemeint. Doch es kam unweigerlich der Tag, an dem mir klar wurde: Das ist eine Drohung, dieser Typ versucht, alle hier in der Lackiererei einzuschüchtern. »Halt' dei' Gosch, sonst gehst zu Bosch!« Aus dem schwäbischen Umgangsdeutsch übersetzt und interpretiert hieß das: Entweder du akzeptierst die Bedingungen hier, so wie sie sind und hältst deinen Mund, oder du kannst woanders arbeiten.

Als dieser Meister eines Abends wieder ausfällig wurde, sah ich meine Chance gekommen. Ich ging schnurstracks auf ihn zu, blieb dicht vor ihm stehen und packte ihn am Kragen. Ich zog ihn ganz nah an mich heran. Sein Atem wurde schneller, ich konnte riechen, was er zu Abend gegessen hatte. Es roch nicht gut. Kein Blatt Papier passte mehr zwischen uns. »Pass auf«, brüllte ich ihn an. »Das sagst du nie wieder, ist das klar? Sonst bekommst du ein großes Problem mit mir!« Ich sah fest in seine überraschten Augen, die Aktion war so schnell vorbei, wie sie begonnen hatte. Ich lockerte meinen Griff und drückte diesen Feigling von mir weg. Er wehrte sich nicht. Ich glaube, dieser menschenverachtende Vorarbeiter hatte begriffen, dass er einer körperlichen Auseinandersetzung mit mir besser aus dem Weg ging. Dass er so feige war, nicht mal ein kleines Widerwort zu riskieren, hatte ich nicht erwartet. Es war ruhig geworden in der Halle, meine Kollegen standen da und schauten verwundert zu uns herüber. Als wir am Morgen nach der Schicht das Werk verließen, sagte mir ein älterer Kollege aus der Lackiererei: »Das hat vor dir hier noch keiner gewagt!«

Natürlich profitierte ich damals von meiner Statur als Halbschwergewichtler. Je nach Trainingsumfang und Ernährung wog ich immer zwischen 80 und 82 Kilo, mein Kampfgewicht. In Momenten wie diesen wurde mir klar, dass ich kraft meines Auftretens in der Lage war, heikle Situationen für mich zu entscheiden. Ich suchte schon lange keine Schlägereien mehr, denn oft reichte schon eine kleine Drohung und es herrschte wieder Ruhe. Ich realisierte, dass meine Erfolge im Sport eine Strahlkraft auf die anderen Bereiche meines Lebens hatten. Wer Erfolg hat, kann gestalten, und ich bekam eine große Lust, mehr aus mir und meiner Umgebung zu machen. Ich wollte mehr Verantwortung übernehmen. Der Meister übrigens ist danach nicht mehr unangenehm aufgefallen.

Es war nicht etwa so, dass Porsche damals ein arbeitnehmerunfreundliches Unternehmen gewesen ist, im Gegenteil. Wir profitierten von vielen außergewöhnlichen sozialen Errungenschaften, die es in anderen Betrieben noch lange nicht gab. Ich wusste, dass ich viele engagierte Vorgänger hatte bei Porsche: Gewerkschafter, Vertrauensleute, verantwortungsvolle Betriebsräte.

1972 noch erhielten die Arbeitnehmer 18 Tage Urlaub, der sich auf drei Wochen im Sommer und drei Tage an Weihnachten verteilte. Heute freuen wir uns über 30 Tage und die waren kein Geschenk des Unternehmens. Mir fielen im Lauf der Zeit aber auch viele Annehmlichkeiten auf, die Porsche zu etwas Besonderem in dieser harten Arbeitswelt machten. Wenn zum Beispiel samstags Sonderschichten gefahren werden mussten, kam Frau Porsche persönlich. Dorothea, die Frau von Ferry Porsche, brachte den Arbeitern Würstchen und Kartoffelsalat vorbei und es waren keine kleinen Portionen. Für die Dame ein Zeichen von Solidarität und Verbundenheit, für uns Werktätige ein Beispiel für vorgelebten Unternehmergeist mit hoher sozialer Verantwortung. An Weihnachten organisierte sie Feiern für die Kinder der Werksangehörigen, auch bei den Sommerfesten fehlte sie nie. Was immer Ferry und Dorothea Porsche unternahmen, ihre Belegschaft konnte das Gefühl haben, einer besonderen Firma anzugehören.

Es dauerte nicht lange, und die Kollegen drängten mich: »Du musst unser Vertrauensmann werden!« Zwar war ich an meinem ersten Arbeitstag bei Porsche, am 1. April 1985, in die IG Metall eingetreten, aber mit diesem Begriff konnte ich wenig anfangen, so etwas hatte es in meinem Leben bisher nicht gegeben. »Du engagierst dich in der IG Metall und wirst dann unser Vertrauensmann«, empfahlen sie mir. Von Gewerkschaften hatte ich schon gehört, aber was sie machten, war mir damals völlig unbekannt. »Gewerkschafter halten zusammen, haben eine Streikkasse und können so viel mehr erreichen hier.« Das klang damals alles interessant und plausibel, heute würde ich es sozialromantisch nennen. Denn so reibungslos sollte es mit der Wahl zum Vertrauensmann nicht werden. Vertrauensleute können gewählt oder aber benannt werden und in meinem Bereich wurde dieser Posten 1987 noch von den Gewerkschaften besetzt, ohne Wahl. Der Vertrauensmann wurde vom Betriebsrat bestimmt, aber das wollte sich überhaupt nicht mit meinem ausgeprägten Gerechtigkeitssinn vereinbaren lassen. »Warum kann ein Betriebsrat entscheiden, wem ich vertrauen soll?«, fragte ich meine Kollegen mit der Naivität eines noch unerfahrenen Kämpfers für Mitbestimmung und Demokratie. Woher hätte ich denn wissen sollen, dass in der Satzung festgeschrieben stand, dass dieser Vertrauensmann gewählt oder bestimmt werden kann? »Das machen die da drüben immer so«, sagten die älteren Kollegen mit einem Blick zum Büro des Betriebsrats. »Das kann doch nicht wahr sein«, antwortete ich ihnen, »dann lasst uns hier eine Wahl organisieren. Mal sehen, was passiert«. Wir fanden drei Kandidaten und ich denke gerne an das Ergebnis zurück: Meine Kolleginnen und Kollegen in der Lackiererei schenkten mir 90 Prozent ihrer Stimmen! Einige sagten mir später, ich hätte deshalb so viele Stimmen bekommen, weil es vor mir noch niemanden gegeben habe, der so entschlossen für die Belange seiner Leute kämpfte. Ich war jetzt 25 Jahre alt, mein Kampf um die Weltmeisterschaft in Thailand geriet weiter in den Hintergrund, denn ich fühlte immer deutlicher, dass ich hier gebraucht wurde. Zuffenhausen statt Bangkok! Ich ging zum Betriebsrat, um meine Wahl bestätigen zu lassen. Dort war man nicht sonderlich erfreut über meinen Alleingang, den ich, meinem Glauben an Gerechtigkeit folgend, organisiert hatte. »Ich bin Vertrauensmann, weil ich mit großer Mehrheit gewählt worden bin, und nicht der von euch bestimmte Mann«, klärte ich den Betriebsrat auf. Mein forscher Auftritt kam nicht gut an. Ich, ein junger, selbstbewusster und aufmüpfiger Mann, hinterfragte den Sinn veralteter Machtstrukturen. Vielleicht störten sich die alteingesessenen Arbeitervertreter auch an meiner martialischen Erscheinung. Mein Haarwuchs hätte damals noch für eine veritable Frisur gereicht, aber ich rasierte mir schon längere Zeit den Schädel. Ich mochte Kampfsport und entdeckte den Buddhismus. Ich liebte die Tradition asiatischer Krieger und ich gefiel mir in dieser Nacktheit auf dem Kopf. Ich war mir sicher, dass dieses Aussehen meine kompromisslose Entschlossenheit verstärkte. Der Betriebsrat versuchte mich zu vereinnahmen, deutlicher ausgedrückt: Er wollte mir sozusagen ein Angebot machen, das ich nicht ausschlagen konnte!»Du willst doch bestimmt hier bleiben und Meister werden«, versuchte man mich zu ködern.»Ich will nicht Meister werden; ich will, dass hier vernünftige Wahlen stattfinden.« Ich konnte knapp antworten, wenn es der Ernst der Lage erforderte und ich hielt es für einen Ausdruck von Stärke und Kompromisslosigkeit, kein Wort mehr als unbedingt nötig zu verlieren. Ich ließ mich dann von der damaligen Sekretärin Marlies Hotz aus dem Sekretariat schieben. Obwohl sie rein physisch deutlich weniger war als ich, ließ ich mich von ihr rausschieben, weil ich schon damals gespürt habe, dass sie nur das Beste für mich will. Seit dieser Zeit werden die Vertrauensleute bei Porsche nicht mehr bestellt.

In den Monaten danach begann die große IG Metall, sich für mich zu interessieren. Die Protestaktionen des fast zwei Meter großen Thaiboxers aus der Lackiererei hatten sich herumgesprochen. Meine Ambitionen, Weltmeister zu werden, ließen allmählich nach. Die Interessensvertretung für meine

Kolleginnen und Kollegen entwickelte sich zunehmend aufwändiger und für einen Titelkampf hätte ich mehr trainieren müssen. Beides ließ sich nicht mehr so leicht vereinbaren, wie ich gedacht hatte. Ich war in der Lackiererei einen Weg gegangen, den ich nicht mehr so einfach verlassen konnte. Ich stand bei meinen Kolleginnen und Kollegen im Wort, denn sie vertrauten mir. Auch wenn das Betriebsverfassungsgesetz 1987 für mich noch so unbedeutend war wie die Satzung eines Angelsportvereins, so wusste ich doch, dass ich weiterkämpfen wollte.

Aus Bewunderung für Politiker wie Herbert Wehner und Willy Brandt war ich schon ein paar Jahre zuvor in die SPD eingetreten. Wehner, dieser geniale und angriffslustige Redner, der mit einem halben Satz eine ganze Debatte beenden konnte. Brandt, dieser große Mann des Ausgleichs, der immer für Versöhnung kämpfte. Sie waren die Idole meiner späten Jugend, als ich begann, mich für Politik zu interessieren. Bei meinen innerbetrieblichen Aktivitäten aber stellte ich einen grundlegenden Unterschied fest zwischen der Politik und der Arbeit als Gewerkschafter und daran hat sich bis heute nichts geändert. Hier bei Porsche erwartet die Belegschaft vor jeder Veränderung eine Diskussion. Sie vertraut darauf, dass der Betriebsrat und der Vorstand vor jedem Beschluss feilschen, diskutieren und streiten. Das ist ein Stück gelebte Unternehmenskultur. Danach verträgt man sich und unterrichtet die Belegschaft über die Ergebnisse. Man demonstriert Einigkeit und betrachtet die Beschlüsse als bindend. In der Politik von heute aber läuft das anders. Zuerst wird gestritten, dann kommt eine vordergründige Einigung, danach streitet man wieder. Was sollen die Bürger von dieser abgekarteten Streitkultur halten? Damit keine Missverständnisse entstehen und weil ich schon ein paar Gerüchte in diese Richtung gehört habe: Ich habe keine Ambitionen, in absehbarer Zeit in die Politik zu wechseln, aber ein bisschen weniger Lobbyismus und eine ordentliche Portion mehr Pragmatismus würde unserer politischen Klasse heute nicht schaden. Was ist das für eine Politik, deren Gelingen vorher »gescoutet« wird? Die Beschlüsse oder Reformen vorher durch Umfragen auf eine mögliche Mehrheit untersuchen lässt, nur um nachher einer möglichen Niederlage zu entgehen? Ich mag diese Unehrlichkeit nicht! Der Vergleich hinkt ein bisschen, weil die Menschheit damals noch keine Demoskopie kannte, aber wenn Moses auf Umfrageergebnisse gehört hätte, wäre er nie durch das Rote Meer gelaufen.

1990, ich war jetzt schon fünf Jahre Porscheaner, hörte ich von immer mehr Kollegen, dass man in mir einen geeigneten Kandidaten für die Betriebsratswahl sehe. Es machte mich stolz und ich konnte mir sicher sein, einen großen Teil der Belegschaft hinter mir stehen zu haben. Uwe Hück im Betriebsrat, ich an einem Tisch mit den Bossen! Lohnerhöhungen durchsetzen, für flexiblere Arbeitszeiten kämpfen, die Subventionen für unsere Kantine erhalten – das gefiel mir. Ich muss allerdings auch zugeben, dass ich großen Respekt vor dieser Aufgabe hatte. Was wusste ich denn über Arbeitsrecht und Produktionsabläufe wirklich? Ich war Lackierer und konnte reden, notfalls auch schreien, aber würde das ausreichen, um mit den Vorständen an einem Tisch zu verhandeln? Das Eis war noch dünn, aber ich wagte mich darauf, auch auf die Gefahr hin, auszurutschen oder gar einzubrechen. Mit der Erfahrung meines Sportlerlebens redete ich mir ein, dass es nichts anderes sei als der nächste Kampf. Im Ring hatte ich gelernt, Respekt vor dem Gegner zu haben, keinesfalls aber Angst. Bald würde ich für jede Menge Menschen boxen! Uwe Hück im Betriebsrat: Ich betrat zwar Neuland, aber ich wusste, dass ich es mit einem gut bestellten Acker zu tun hatte. Porschekultur gab es nämlich wirklich! Schon 1956, als die Nachkriegsrepublik aus ihrer Lethargie erwacht war und das spätere Wirtschaftswunder allmählich Konturen annahm, setzte Ferry Porsche, der Firmengründer, eine Betriebsrente durch. In einer Zeit, da die Wirtschaft nur am Wachstum orientiert war und Arbeitnehmerrechte erst noch erkämpft werden mussten. Als die strengen Winter kamen und die Menschen mehr Geld brauchten, um ihre Wohnungen heizen zu können, wurde das Kohlegeld eingeführt. Ferry Porsche erfand das Maigeld, eine kleine Unterstützung für seine Arbeiter, damit die am Tag der Arbeit auch etwas zu trinken hatten. Der Volksmund nannte es lieber Biergeld. Später setzten die Betriebsräte das Jubiläumsgeld durch, Sonderzahlungen für 25 oder 40 Jahre Betriebszugehörigkeit. Heute haben wir eine Kameradschaftskasse, aus der wir Geschenke für runde Geburtstagskinder bezahlen, aber auch für Jubilare und andere Anlässe. Es gibt auch eine Sterbegeldkasse, in die neben den Beiträgen der Kolleginnen und Kollegen auch Zahlungen des Unternehmens einfließen. Es gibt Sterbegeld bei Porsche, denn der Tod wird immer teurer. Aus der Sterbegeldkasse zahlen wir die direkten finanziellen Zuwendungen für die Angehörigen.

Auch Weihnachten 2010 verlief friedlich: Während die Kollegen in anderen Unternehmen der Automobilbranche wieder Abstriche hinnehmen mussten, haben wir unserer Belegschaft eine einhundertprozentige Auszahlung des Weihnachtsgeldes garantiert. Selbst in den schlimmsten Zeiten, als Porsche fast insolvent war, blieben die bestehenden Tarifverträge unangetastet. Wir können heute auf eine ausgeprägte soziale Kultur in unserem Konzern blicken. Die aber konnte sich nur entwickeln, weil den Arbeitgebern eine sehr selbstbewusste Belegschaft gegenüberstand, bis heute. Schon der kleinste Versuch der Vorstände, an diesen sozialen Errungenschaften zu rütteln, würde unweigerlich in einer Zuffenhausener Revolution enden. Ich würde einen Arbeiteraufstand organisieren und anführen, auch wenn die Produktion vorrübergehend ruhen müsste.

Uwe Hück bei einem Streik

1991 kam Dr. Wiedeking zu Porsche zurück, zuerst als Vorstandsmitglied, ab 1992 als Sprecher des Vorstandes, ein Jahr später als Vorstandsvorsitzender. Trotz aller späteren Erfolge verband mich mit ihm zunächst eine sehr schwere Zeit. Die Familie Porsche hatte ihn zum Vorstandsvorsitzenden bestellt, als der Konzern am Boden lag. Wir bei Porsche hatten lange Jahre die wesentlichen Entwicklungen verschlafen und die notwendigen Veränderungen nicht erkannt. Ein »Weiter so« hätte uns zerstört. Wir waren doch immer die Besten und die Größten, was sollte uns denn passieren? Erst 1992, als die Absätze weltweit eingebrochen waren und wir tiefer in die Verlustzone gerieten, realisierten wir: Porsche hatte zu lange im eigenen Saft geschmort. Mich erinnerte unsere Situation an die düsteren Filme aus den USA zu Zeiten der Depression und Rezession.

Dr. Wiedeking sollte Porsche entschlacken und das bedeutete schmerzhafte Eingriffe. Wir erlebten eine geradezu brutale Entlassungswelle. Die Belegschaft wurde von 9000 auf 6500 Mitarbeiter reduziert und hinter jeder Entlassung verbarg sich ein menschliches Schicksal. Ich erinnere mich an einen jungen Kollegen, der zu mir kam und einfach fragte:»Uwe, warum hast du das zugelassen?« Die meisten älteren Kollegen genossen nach den Sozialplänen Kündigungsschutz, also wurden die Jüngeren entlassen!»Was soll ich jetzt machen?«, fragte mich ein anderer Kollege.»Mein Mädchen bekommt ein Kind und ihr schmeißt mich raus!« In diesen Momenten fühlte ich mich hilflos, denn ich hatte keine Erklärungen. Eine ganze Generation von Porscheanern wurde auf die Straße gesetzt. So entstand eine Lücke in der Altersstruktur, die bis heute nicht geschlossen ist. Wir haben immer noch eine überalterte Belegschaft, die wir seit letztem Jahr durch ein Demografie-Projekt verjüngen, 20 Jahre danach. Diese bittere Zeit 1992 hat tiefe Spuren bei mir hinterlassen. Ich war damals noch zu unerfahren, um die drohenden Gefahren bei Porsche früher zu bemerken. Mein Hauptaugenmerk lag noch zu sehr auf dem Tagesgeschäft. Ich musste lernen, die Probleme bei Porsche vorausschauender, in längeren Zeitabschnitten zu begreifen. Es war aber auch eine lehrreiche Zeit, denn ich wusste jetzt, wo ich hingehörte bei Porsche. Ich wurde radikaler in meinen Ansichten und in meinem Handeln. Ihr da oben, wir hier unten: Die Fronten erschienen mir immer klarer und ich verinnerlichte diese Gegensätze. Tagsüber musste ich zu »denen da oben« ins Schloss, um zu verhandeln. Am Abend aber wollte ich zurück zu meinen Leuten ins Zelt, hier fühlte ich mich sicherer. Das Bild von oben und unten hatte ich oft vor Augen in dieser Zeit, ich muss allerdings auch zugeben, dass es mehrere Wahrheiten gab damals. Auch wenn ich es nicht glauben mochte: Die Prozessveränderungen mit einer Steigerung von Flexibilität und Produktivität haben unser Überleben gesichert. Wenn wir damals diese Einschnitte nicht durchgezogen hätten, würden wir heute ein einziges großes Museum haben in Zuffenhausen. Porsche wäre tot.

Bei einer meiner ersten Kampfhandlungen habe ich Ferry Porsche persönlich kennengelernt, wenn auch eher zufällig. Es war die Zeit nach den ersten fundamentalen Einschnitten und jetzt, 1993, drohten weitere Kürzungen. Eine der Rettungsmaßnahmen von Dr. Wiedeking sollte die Streichung des Weihnachtsgeldes sein. Es hatte sich schnell im Werk herumgesprochen und sofort herrschte große Empörung ob dieser Pläne. Viele Beschäftigte waren angewiesen auf diese Sonderzahlung. Ausländische Kollegen wollten davon die Flüge in ihre Heimat bezahlen, andere mussten Geschenke kaufen. Der Weihnachtsfriede war in Gefahr, das bevorstehende Fest machte die Menschen sensibler für mögliche Krisen und genau auf diese Karte setzte ich. Ich erinnere mich, dass wir alle ins Werk 1 gegangen sind, um zu demonstrieren. Es war laut und die Stimmung hochgradig gereizt. Wir zeigten uns fest entschlossen, zu kämpfen. Ich muss wohl am lautesten geschrien haben, als Ferry Porsche den Werkshof betrat. Zielstrebig kam er auf mich zu. Da stand dieser ältere Herr mir zum ersten Mal gegenüber, er grüßte mich mit seinem Hut und fragte mich: »Mein Bub, was machst du denn da?« Er nannte mich wirklich seinen Bub! »Der Wiedeking will uns das Weihnachtsgeld wegnehmen, das können wir nicht zulassen«, ließ ich ihn wissen. »Aber mein Bub«, sagte er wieder und ließ damit eine kleine Vertrautheit entstehen, »wenn du hier draußen stehst, dann kannst du ja keinen Porsche bauen«. Voller Selbstbewusstsein gab ich ihm recht: »Genau so ist es!« Ferry Porsche war ein kluger Mensch und hatte die Situation schnell begriffen.

Diese Belegschaft würde streiken und nicht nur eine Stunde lang. »Mein Bub, wenn ich dir verspreche, dass ihr das Weihnachtsgeld bekommt, würdest du dann mit deinen Leuten wieder an die Arbeit zurückgehen?« Der Vorschlag kam unerwartet, aber ich hatte keinen Grund, an der Ehrlichkeit des Mannes zu zweifeln. »Natürlich«, sagte ich und spürte das schöne Gefühl eines kleinen Sieges aufkommen. Wie um die gerade gemachte Vereinbarung zu besiegeln, drückte mir Ferry Porsche die Hand. Es war mein erstes Geschäft mit ihm und es war ein gutes. Drei Tage später hatten wir unser Weihnachtsgeld, die Belegschaft strahlte und ging gestärkt aus diesem ebenso kurzen wie intensiven Arbeitskampf hervor. Ferry Porsche galt als beliebter Arbeitgeber, nicht erst seit dieser Aktion. Ein harter Verhandlungsführer, der aber das Wohl seiner Leute nie aus den Augen verloren hat. Ich bin überzeugt, dass er damals seinen Privatwagen verkauft hätte, um die Kollegen zu Weihnachten wie gewohnt zu belohnen. Wenn dieses Land mehr Unternehmer dieses Kalibers hätte, wären uns viele Heuschrecken und Entbeiner erspart geblieben. Ferry Porsche hatte Moral und er lebte sie vor.

Fünf Jahre später, am 27. März 1998, verstarb der Übervater dieses so erfolgreichen Unternehmens. Es ist mir bis heute eine außerordentliche Ehre, dass ich im Namen der Belegschaft die Trauerrede halten durfte. Fünf Jahre nach unserem Kennenlernen auf dem Hof stand ich jetzt auf dem Zuffenhausener Werksgelände, wo die 911er gebaut werden. Dort, wo er sich diese Trauerfeier wohl selbst gewünscht hätte. Es war der 3. April 1998, mehr als 7 000 Menschen schauten mich an und ich hielt die wichtigste Rede, die ich bis dahin zu halten hatte. Ich wollte nicht an den herausragenden Techniker und genialen Konstrukteur erinnern, sondern an diesen faszinierenden Menschen und seine große soziale Verantwortung. »Willst du frei reden oder nach einem Manuskript?«, fragte mich Dr. Wiedeking. Ich hatte keine Erfahrung mit Reden von derartiger Bedeutung und überlegte noch. »Schreib es dir auf, das ist sicherer«, riet mir der Chef und es war ein guter Ratschlag. Bei meiner Wortwahl vertraute ich meiner einfachen, klaren Sprache. Nichts finde ich peinlicher, als wenn Menschen sich bei einer öffentlichen Rede einer geschwollenen und gestelzten Sprache bedienen, nur weil sie glauben, dass es die Situation erfordere. Ich sprach so, wie ich mit Ferry Porsche immer gesprochen hatte. »Für uns war und ist der Professor mehr als nur Konstrukteur und Arbeitgeber. Wir schätzten an ihm seine Nähe zur Belegschaft, seine Wärme, seine Menschlichkeit. Er hatte immer ein offenes Ohr für unsere Sorgen und Probleme. Er hat immer gewusst, dass die arbeitenden Menschen einen großen Teil zum Erfolg dieses Unternehmens beitragen und er hat sie deshalb immer an diesem Erfolg teilhaben lassen. Für viele Sozialleistungen, lange bevor sie in Tarifverträgen verankert wurden, war dieses Unternehmen der Vorreiter. Sie sind untrennbar verbunden mit dem Namen Porsche. Bereits 1961 erhielten die Beschäftigten Weihnachtsgeld, wie es in der Branche absolut nicht üblich war.« Ich musste kurz an unsere Weihnachtsgeldvereinbarung denken und verstand jetzt noch besser, warum der Professor damals so schnell auf meiner Seite war. »Seit 1961 gab es bei Porsche zusätzliches Urlaubsgeld, damit die Arbeiter und ihre Familien im Urlaub etwas unternehmen konnten. Sie sollten sich erholen von den Mühen der Arbeit, und dies bekamen vor allem diejenigen, die es nötiger hatten als andere. Weil der Professor seine Angestellten kannte, wusste er, dass das Geld so schnell zu Ende geht wie seine Autos schnell sind. Also gab es von Beginn der sechziger Jahre an zusätzlich eine Herbsthilfe, für alle in der Firma in gleicher Höhe. Ferry Porsche mochte keine unterschiedliche Behandlung seiner Beschäftigten. Am 25. Februar 1960 schrieb er an seine Mitarbeiter, es sei bei uns immer üblich gewesen, die Arbeiter den Angestellten sozial gleichzustellen, um zwischen geistiger und manueller Arbeit keinen Unterschied zu machen. Ab April 1960 wurden alle Arbeiter, die bei uns im Stunden- oder Akkordlohn standen, in den Monatslohn übernommen ... Im gleichen Jahr wurde die Lohnfortzahlung für den Krankheitsfall eingeführt ... Schon seit 1956 haben wir eine zusätzliche betriebliche Altersversorgung. Der Professor war immer der Meinung, dass die Mitarbeiter, die die meiste Zeit ihres Lebens für Porsche tätig waren, ihren wohlverdienten Ruhestand finanziell abgesichert genießen sollten.« Stundenlang hätte ich weiterreden können, es gab so viele soziale Errungenschaften, die wir diesem einzigartigen Unternehmer verdankten. Ich beendete meine Rede, schaute nach vorne in die erste Reihe und versprach der Familie Porsche, immer für diese Firma und deren Belegschaft kämpfen zu wollen. Ich verneigte mich ein letztes Mal vor dem großen Bild, das neben meinem Rednerpult auf der Bühne stand. Sie mögen mich für einen unverbesserlichen Sozialromantiker halten, aber Ferry Porsche werde ich ewig dankbar sein.

Bei allem Verständnis für zwingend notwendige Reformen geriet ich mit Dr. Wiedeking weiterhin aneinander, meist in kämpferischer Absicht, ohne jedoch einen konstruktiven Konsens aus den Augen zu verlieren. Sein Vorhaben, uns die sogenannte Erholzeitpause zu kürzen, führte zum nächsten Konflikt. Er griff in einen Arbeitsbereich ein, in dem die Produktivität ständig gesteigert werden sollte. Genau dort wollte er die Pausen kürzen, für mich wieder eine große Ungerechtigkeit! »Jetzt ist mal Schluss mit diesem Schmusekurs, die Zeit der Weicheier ist vorbei«, warf ich ihm in gewohnter Lautstärke an den Kopf. Meine geschwollene Halsschlagader verschaffte mir in diesen Situationen zusätzlichen Respekt. Es entwickelte sich eine in aller Härte geführte Auseinandersetzung, in der es aber immer nur um die Sache ging. Am Ende feierten wir den Fortbestand unserer Erholzeitpause und Dr. Wiedeking hatte Frieden.

In dieser Zeit hatte ich angefangen, mich fortzubilden. Die Arbeitswelt war komplexer geworden und ich wollte mitreden können. Begriffe wie »Tarifautonomie« klangen ja gut, aber ich wollte sie auch richtig benutzen können. Ich brauchte Wissen. Ich belegte Abendkurse, besorgte mir Fachliteratur und tauschte mich mit anderen Gewerkschaftern aus. Tarifverträge, Arbeits- und Sozialrecht, Produktionsabläufe: Ich belegte Schulungen bei der IG Metall, selbst einen Rhetorikkurs gönnte ich mir. Wenn es hart auf hart kam, wollte ich nicht nur mitreden können, ich wollte zu 100 Prozent kompetent sein. Ich glaube, ich kann mich heute ohne zu übertreiben einen halben Juristen nennen und ich bin mir sicher, dass ich mit vielen Studierten mithalten kann. Der zweite Bildungsweg bedeutet keine geringere Qualifikation und ich fühle mich stets auf Augenhöhe mit unseren Vorständen, wenn es um Arbeits-, Tarif- und Sozialrecht geht. Ich habe meine Hausaufgaben gemacht.

1994, nach meiner Wahl zum Vertrauenskörperleiter, wurde ich freigestellter Betriebsrat. Ich verabschiedete mich in der Lackiererei, aber nicht, um meine Kollegen zu verlassen. Ich wollte jetzt ganz für sie da sein. Drei Jahre später kam die nächste Wahl: Mit großer Mehrheit machten mich die Kolleginnen und Kollegen zu ihrem Betriebsratsvorsitzenden von Zuffenhausen und Ludwigsburg. Jetzt war ich Nachfolger von

Franz Steinbeck. Wieder nur ein Jahr später erklomm ich die nächste Stufe und wurde Mitglied des Aufsichtsrats. Ich habe nie viel Urlaub gemacht in meinem Leben, von da an aber wurde Freizeit endgültig zu einem Fremdwort, daran hat sich bis heute nichts geändert. Was soll ich denn auch in Spanien oder der Toscana? Dort hätte ich nicht mal ein Rednerpult und das Hotel würde sich wahrscheinlich in einer Gegend ohne Mobilfunknetz befinden – eine schreckliche Vorstellung! Pause machen bedeutete für mich Dampf ablassen und das hätte einen ungewünschten Druckabfall zur Folge. Ich brauche diesen Druck, ständig und überall. Auch wenn meine Familie gelegentlich darunter leidet, einen Urlaub am Strand oder eine Kreuzfahrt kann ich mir nicht mal vorstellen. Ich stehe gerne unter Strom und nicht ganz ohne Grund hat mich *Der Tagesspiegel* einmal den »Boxermotor von Porsche« genannt. Das gefällt mir.

Meine Zeit als Betriebsratsvorsitzender wollte ich nicht bequem gestalten und aus meinem Büro auf die Produktionshallen herabschauen. Ich hatte ein bisschen mehr Macht bekommen und die wollte ich nicht einfach ausspielen. Im Gegenteil, ich wollte meine erweiterten Befugnisse einsetzen, um noch mehr gestalten zu können in dieser oft so konfliktreichen Arbeitswelt. Seit mehr als 15 Jahren pflege ich bestimmte Rituale. In Zeiten verstärkter Produktion, wenn am Samstag Sonderschichten gefahren werden, halte ich es für meine Pflicht, auch auf dem Betriebsgelände zu sein. Ich könnte es nie akzeptieren, Freizeit zu feiern oder zu Hause im Garten zu liegen, wenn bei uns die Kollegen in der Extraschicht stehen. Das mache ich, weil ich absoluten Respekt vor der Belegschaft und deren Leistung habe. Irgendwann an so einem Samstag mit Extraschicht habe ich angefangen, mich an der Pforte bei jedem zu bedanken und mich zu verabschieden. Ich stehe dann am Werkstor und habe ein Wort des Dankes für jeden, der uns an diesem Tag unterstützt hat, weil wir die Produktionsziele sonst nicht erreichen würden. Immerhin haben die Kolleginnen und Kollegen ihre samstägliche Pflicht zu Hause verschoben. »Kehrwoche« heißt es auf Schwäbisch und es ist nicht einfach für einen Schwaben, wenn die Gasse erst nachmittags um vier statt morgens um zehn Uhr gekehrt wird. Seit 15 Jahren pflege ich diesen kleinen Zusatzdienst an der Pforte und ich bin mir sicher, dass die vielen persönlichen Kontakte zu den heute 10 000 Porscheanern zu meiner Beliebtheit beigetragen haben. Auch die letzten Tage vor Weihnachten nutze ich jedes Jahr zu einem abschließenden Rundgang durch alle Produktionsbereiche und die Verwaltung. Nicht selten erfahre ich dann von Problemen und Nöten, die mir sonst womöglich verborgen bleiben würden. Früher habe ich dies an einem Tag geschafft, heute brauche ich dafür drei bis vier Tage. Ein paar Kilometer Fußweg durch das Werk und ein paar Tausend Dankeschöns: Oft sind es die kleinen Dinge, mit denen du zu einer guten innerbetrieblichen Atmosphäre beiträgst.

2002 stieg ich zum Vorsitzenden des Gesamtbetriebsrats auf, ein Jahr später initiierte ich die Bildung eines Konzernbetriebsrats, dessen Führung ich ebenfalls übernahm. Mein Aufstieg fiel in eine Zeit, in der Porsche wieder auf Touren kam. Wir konnten uns Bonuszahlungen leisten in diesen Jahren, 2 700 Euro für jeden Mitarbeiter, der vor 2001 angestellt wurde. Die Stimmung war prächtig, auch unseren Auszubildenden blieben immerhin noch 520 Euro und das in zwei aufeinanderfolgenden Jahren, 2003 und 2004. Porsche schrieb Rekordzahlen in den USA, wir feierten einen Zulassungsrekord in Deutschland, die Dividenden stiegen und wir hatten ausreichend Liquidität. Der internationale Automobilmarkt stagnierte noch, da war Porsche obenauf und ich mittendrin. 2007 stieg ich zum stellvertretenden Vorsitzenden des Aufsichtsrats der Porsche Automobil Holding SE auf. Jetzt war ich ganz oben. Von einer Tellerwäscher-Karriere schrieben die Zeitungen damals, wie immer, wenn es einer geschafft hatte, sich von ganz unten hochzuarbeiten. Auch wenn es ein oft benutztes Klischee ist: Mit diesem Vergleich vom Tellerwäscher kann ich gut leben, denn er lässt mich nie vergessen, wo ich herkomme. Heim, Lehre, Porsche: Ich war ganz oben angekommen und wenn ich heute auf meinen Aufstieg zurückblicke, kommen mir immer wieder die kleinen Zufälle in Erinnerung, denen ich fast schicksalshaft so viel verdanke in meinem Leben. 22 Jahre zuvor hatte mich der Sachbearbeiter in der Personalabteilung abwimmeln wollen, jetzt verkehrte ich in höchsten Politiker- und Wirtschaftskreisen. Und wenn es den Meister, der sich damals in der Lackiererei so unmöglich aufgeführt hat, nicht gegeben hätte, wäre ich heute vielleicht irgendwo in Thailand und würde von meinem Ruhm als Weltmeister zehren.

Kapitel 5

Auf dem Haidach

Auf dem Haidach In all den Jahren meines Aufstiegs wollte ich nicht vergessen, wo ich herkam. Auch wenn ich jetzt berühmte Persönlichkeiten zu meinem Freundeskreis zählen durfte und ein Dauergast in den meisten Talkshows war, ich wollte meine Glaubwürdigkeit bewahren, ich wollte echt bleiben. Ich habe auch nie versucht, meinen schwäbischen Dialekt zu verbergen, wenn ich mit den Burdas und Stoibers in den Fernsehstudios hitzige Debatten führte. Im Gegenteil, es gab Situationen, in denen ich bewusst meine Mundart gewählt habe, um mir mehr Glaubwürdigkeit zu verschaffen. Laute schwäbische Entschlossenheit: So habe ich den Chef der Deutschen Telekom, Ron Sommer, bei Sabine Christiansen einmal zum Schweigen gebracht. »Nicht die Menschen brauchen eine Gesundheitsreform, sondern die Börsen«, rief ich in breitem Schwäbisch und er hat mich verstanden. Ohne den Begriff Heimat zu strapazieren: Ich wollte nie woanders leben als in Mühlacker, dieser 25 000-Einwohnerstadt an der Enz. Auch Pforzheim, nur ein paar Autominuten entfernt, bin ich immer treu geblieben. Sicherlich hätten wir damals nach Stuttgart ziehen können, um meinem Arbeitsplatz näher zu sein. Ich hätte mir die vielen Stunden im Stau auf der B 10 erspart. Meiner Frau aber ist die Nähe zu ihrer Familie wichtig, nach wie vor hilft sie im Restaurant und ich freue mich jeden Abend, wenn ich aus Zuffenhausen nach Mühlacker zurückkomme. Es gibt noch so viel zu erledigen in meiner Heimat und ich habe noch so viel zurückzugeben von meinem Erfolg. In Pforzheim war ich bekannt. Die vielen Boxkämpfe dort, die regelmäßigen Berichte in den Zeitungen und später mein Aufstieg bei Porsche haben mich zu einer der bekannteren Persönlichkeiten werden lassen.

Über die Attraktivität Pforzheims können wir streiten, auf jeden Fall aber gibt es hier ein paar Fleckchen, die wir

unseren Gästen besser nicht zeigen. Bausünden, unüberseh-
bar, wie überall in diesem Land. Mitte der siebziger Jahre, als
auf wenig Baugrund viel Wohnraum entstehen musste, blieb
auch Pforzheim nicht verschont von einer Architektur, die
ich schon immer als menschenverachtend empfunden habe.
Hochhäuser für die Entfremdung der Menschen, Wohnkäs-
ten für die Anonymität. Keimzellen einer Gesellschaft, die
aufgrund dieser Lebensbedingungen immer weiter abrutscht
auf der sozialen Leiter. Plattenbauten in einem tristen Ein-
heitsgrau, nicht einmal von einer Farbgebung im modernen
Wohnungsbau schienen die Architekten je gehört zu haben.
Wir bauten Ghettos, in Hamburg hießen sie Steilshoop, in
Bremen Neue Vahr, in Berlin Marzahn, in Pforzheim Haidach. Kaum waren die Wohnblocks bezogen, entwickelte
sich ein ganzer Stadtteil zu einem sozialen Brennpunkt.
Die Architekten und Stadtplaner hatten Geschäfte, Kneipen,
Cafés und Restaurants vergessen. Auf dem Haidach fehlte es
an Treffpunkten, der ganze Stadtteil war eine einzige Fehl-
konstruktion.

Als ich mich zu Beginn der achtziger Jahre mit der Caritas
um die Vietnamesen kümmerte, waren wir immer bemüht,
die Flüchtlinge auf verschiedene Stadtteile zu verteilen, um
einer Ghettoisierung vorzubeugen. Als später die Russland-
deutschen kamen, war der Zustrom zu stark, um eingreifen
zu können. Der Haidach wurde schnell zum Aussiedler-Hü-
gel, der Volksmund benutzte lieber Spitzamen wie »Russen-
ghetto« oder »Klein-Russland«. 14 000 Spätaussiedler überforderten die Sozialämter der Stadt und die damals noch bescheidenen Mittel der Integrationspolitik reichten nicht aus,
um eine soziale Einbindung der Russen, Kasachen und Uk-
rainer erfolgreich zu gestalten. Die Aussiedler grenzten sich
bald ab, weil sie überall Ablehnung erfuhren. Russlanddeut-

sche wurden schon in ihrer alten Heimat nicht als Russen behandelt und hatten in Deutschland Probleme, Deutsche zu werden. Die Russen nannten sie Nazis und die Deutschen nannten sie Russen. Zu Beginn der neunziger Jahre spürten wir in Pforzheim ein großes Konfliktpotenzial. Die Republikaner wurden stärker, die antirussische Stimmung bescherte ihnen 11,2 Prozent aller Stimmen bei den Kommunalwahlen. Die Kriminalität auf dem Haidach wuchs überproportional. Viele Jugendliche, die von heute auf morgen aus ihrem Umfeld in Odessa oder Petropawl herausgerissen worden waren und in Deutschland auf Kälte und Ablehnung stießen, lungerten in den Straßen herum und organisierten sich zu Banden. Drogen, Prostitution, Raub und schwere Körperverletzung waren die Folge. Die Kriminalstatistiken wiesen Haidach als das Problemviertel von Pforzheim aus. Es gab Zeiten, da mied selbst die Polizei bestimmte Straßen. Die Perspektive der Jugend wurde düsterer, denn es gab keine Arbeit. Immer weniger Betriebe waren bereit, junge Leute auszubilden, wenn diese vom Haidach kamen. Gut ein Viertel der Spätaussiedler befand sich damals noch im Ausbildungsalter, schätzte das Jugendamt. Doch keiner vermochte sich vorzustellen, wie viele von ihnen schon abgestempelt waren als Asoziale und Kriminelle. Ich wusste damals, wie ihnen zumute gewesen sein muss. Ich hatte als Junge lange genug den Stempel des Heimkindes auf der Stirn getragen.

Zu den weiteren sozialen Spannungsfeldern gehörte die Nachbarschaft der Stadtteile Haidach und Buckenberg. Hier die triste und berüchtigte Plattenbausiedlung, dort die etwas gehobene Wohngegend mit Einfamilienhäusern und Schrebergärten. Wir hörten oft, es würde sich etwas zusammenbrauen in dieser Gegend. Die Stimmung schwankte bedenklich zwischen Bürgerzorn und Selbstjustiz, aber es gab auch gute Nachrichten. Die großartige Arbeit der Elterninitiative Buckenberg-Haidach und Hagenschieß e.V. fing an, Erfolg zu haben. Das Haidacher Zentrum engagierte sich für mehr Integration, die Stadt installierte Streetworker und auch aus dem Sportverein kamen positive Signale. Ein immer größer werdender Teil der Bürger war nicht länger bereit zuzuschauen, wie dieser Bereich Pforzheims mit seinen hässlichen Häusern vollends vor die Hunde ging. Der FSV Buckenberg 1921 e.V. verstand sich als Heimat aller Menschen dieser Gegend und manifestierte das auch deutlich in seiner Satzung. Dieser Verein wollte offen sein für jeden, der Sport treiben wollte, unabhängig von seiner Herkunft, seinem Geschlecht oder seinem Alter. Über den hohen erzieherischen Wert der Sportvereine und ihren wichtigen Beitrag zur Integration von Mitbürgern mit Migrationshintergrund gab es viele Abhandlungen zu dieser Zeit. Auch in Pforzheim profitierten wir von einer ausgeprägten Vereinskultur in der Gesellschaft, und der Erfolg dieser Einrichtungen ließ nicht lange auf sich warten. Der FSV Buckenberg verzeichnete Zuwachs. Eines Tages rief der Präsident des Vereins bei mir an. Er kannte meine Geschichte und meine erfolgreiche Vergangenheit als Thaiboxer. Er hatte davon gehört, dass ich mit ein paar Jugendlichen vom Haidach im Wald trainierte. Damals waren es meine beiden Söhne gewesen, die mich darum gebeten hatten, ihnen und ein paar Freunden das Thaiboxen beizubringen. Wir übten im Wald, manchmal auch in einem Keller. Karl Liebig, damaliger Präsident und heutiger Ehrenvorsitzender des FSV Buckenberg, kam also auf mich zu. Ein sehr liebenswerter älterer Herr, inzwischen über 80 Jahre alt und immer noch aktiv im Vereinsleben. Ein paar seiner jugendlichen Fußballspieler hatten ihm vom Training mit mir berichtet und er suchte Vorbilder für die vielen Jugendlichen auf dem Haidach, die sich selbst überlassen waren und perspektivlos in den Tag hineinlebten. »Wir brauchen einen Vorsitzenden wie Sie, um für die Zukunft gerüstet zu sein«, fiel er mit der Tür ins Haus und lud mich zur nächsten Jahreshauptversammlung mit Vorstandswahlen ein.

Ein Verein mit 250 Mitgliedern inmitten eines Viertels, das so viele Negativschlagzeilen hervorbrachte, fehlte mir gerade noch! Am Tag der Versammlung kam ich zu spät, denn ich hatte einem anderen Sportverein noch eine Vorführung im Thaiboxen versprochen. Als ich später im Vereinsheim des FSV Buckenberg eintraf, sah ich nicht aus wie jemand, der sich an diesem Abend als potenzieller Kandidat präsentieren wollte. Ich hatte nicht mal Zeit gehabt, meinen verschwitzten Trainingsanzug zu wechseln. Aber das passte zu meinem Credo: »Das Trikot muss schwitzen, wenn du Tore schießen willst«. Es hat bei dieser Mitgliederversammlung noch einen anderen Kandidaten für den Vorsitz gegeben, aber alle Anwesenden hatten ganz geduldig nur auf mich gewartet. Mir gefielen diese Leute, denn sie hatten einen Plan. Sie wollten mich als Gesamtvorstandsvorsitzenden, um die Probleme in ihrem Viertel besser bewältigen zu können. Sie wählten mich, die Arbeit konnte losgehen, doch ich wusste gar nicht, wo ich anfangen sollte. Es gibt wohl in jedem Verein ein paar Zustände, die sich im Lauf der Jahre einfach festgesetzt haben. Von den Mitgliedern stillschweigend hingenommen und toleriert, weil man sich ja daran gewöhnt hatte: Biertrinken in den Umkleidekabinen oder Rauchen vor dem Training. Mir fiel auch auf, dass dieser ehrenamtliche Vorstand einen geradezu naiven Umgang mit der Kommune pflegte. Ich glaube, sie wussten damals gar nicht, dass sie im Ernstfall als Privatpersonen haftbar gemacht werden konnten für Dinge, die im Verein passierten. Hochanständige Menschen, die im Namen des FSV Buckenberg einen Teil ihrer Freizeit opferten und Verträge mit der Stadt unterschrieben hatten, die ihnen möglicherweise persönlich zum Nachteil gereicht hätten. Ich war empört darüber, wie die Unwissenheit dieser sozial engagierten Vereinsmenschen durch die Kommune einfach ausgenutzt wurde. Ich arbeitete mich in das komplizierte Vereinsrecht ein, nahm mir die Satzung vor, ließ sie von meinen Juristen prüfen und entschärfte einige Passagen. Es konnte doch nicht sein, dass ehrenamtliche Mitarbeiter mit einer Unterschrift für mögliche Dachreparaturen des Vereinsheims bürgen mussten! Jetzt hatte dieser Verein ein besseres Fundament.

Aber da war noch etwas, das mich störte. Die Alten Herren der Fußballabteilung pflegten nach dem Training oder den Spielen Bier in der Kabine zu trinken, so wie das in vielen Vereinen wohl dazugehört. Ich habe nichts gegen Geselligkeit nach dem Sport und ich trinke auch selbst gerne ein Bier oder zwei, aber ich halte es für unverantwortlich, wenn die Gelage in der Kabine in unmittelbarer Nachbarschaft von Kindern und Jugendlichen stattfinden. So aber war das beim FSV: Die Alten Herren feierten mit einer Kiste Bier in ihrer Mitte, und die Kinder nebenan schauten neugierig zu. Das war ein schlechtes Vorbild und das brachte ich bei unserer nächsten Vorstandssitzung zur Sprache. Wir setzten ein Alkoholverbot in den Umkleideräumen durch. Es dauerte nicht lange, da planten die Alten Herren einen Aufstand gegen mich. Sie pochten auf ihr Recht der Gewohnheit. Ich musste schnell reagieren. Ob im Heim oder später bei Porsche, es gehörte inzwischen zu meinen wichtigsten Erfahrungen, immer dort hinzugehen, wo gezündelt wurde. Nicht erst warten, bis das Feuer größer wird und zu einem Brand auswächst, der später nicht mehr zu löschen ist. Ich ging zu den

Männern in die Kabine. »Ich habe gehört, ihr habt ein Problem«, kam ich ohne langes Abschweifen zum Grund meines überraschenden Besuchs. Ich baute mich in voller Größe auf und schaute in die Gesichter der Fußballer. Es herrschte keineswegs eine feindselige Stimmung, ich war schließlich als Sportler zu Sportlern gekommen. Ein paar der Alten Herren jedoch wurden sichtlich nervös und ich war erstaunt, dass es nicht mal zu einer richtigen Diskussion kam. Die Sache war schnell erledigt, heute gibt es keinen Alkohol mehr in den Kabinen.

Mir wurde bei dieser Begebenheit wieder bewusst: Wir vergessen nur allzu oft, wie stark unsere Wirkung als Vorbild auf Jüngere sein kann und welchen Schaden falsches Verhalten anrichten kann. Ich war ja auch selbst bereit, auf manche Gewohnheit zu verzichten. Als ich einmal zum Training meiner Thaiboxer kam, standen ein paar meiner Jungs vor der Sporthalle und rauchten. Das widersprach meinen Vorstellungen von Disziplin, von Selbstdisziplin im Sport. Ich war selbst Raucher, achtete aber stets darauf, zwei Stunden vor dem Training keine Zigarette mehr zu rauchen. Diese Regeln hatte ich mir vor Jahren schon auferlegt, sie galten für das Rauchen vor dem Frühstück und auch für die erste Stunde nach dem Training. »Aber Meister«, entrüsteten sich meine Jungs, »du rauchst doch selbst! Wenn du als alter Mann noch zu solchen Leistungen fähig bist, dann kann Rauchen doch nicht schädlich sein!« Über den alten Mann – ich war damals Mitte 40 – konnte ich schmunzeln. Nicht aber über die Wahrheit, die in ihren Worten steckte. Trotz aller vorgelebten Selbstdisziplin musste ich einsehen, dass ich auch als Raucher ihr Vorbild war. Als ich am Abend nach Hause kam, bat ich meine Frau, sämtliche Zigarettenvorräte zu vernichten. Seit diesem Tag bin ich Nichtraucher und ich muss sagen, es war eine gute Entscheidung. Eine gelegentliche Zigarre aber gönne ich mir.

Es kann so einfach sein, mit gutem Beispiel voranzugehen, schlechte Vorbilder gibt es genug. Die Thaiboxer vom FSV Buckenberg übrigens rauchen seitdem nicht mehr vor dem Training. Mehr als die Hälfte der Thaiboxer hat sogar ganz aufgehört. Ich bin stolz auf diese Jungs, nicht nur weil sie meinen Vorgaben folgen und Selbstdisziplin haben. Es sind die vielen Fortschritte, die sie erkennen ließen, seit wir mit dem Training begonnen haben. Vom ersten Tag an lebten wir streng nach den Regeln dieses Sports und daran hat sich bis heute jeder zu halten. Thaiboxen gestattet zwar ein größeres Repertoire an Schlägen und Tritten, doch mir ging es immer darum, die ethischen Werte zu verinnerlichen. Respekt vor dem Gegner, Schutz des Schwächeren, Selbstbeherrschung. Verbotene Tritte werden sofort geahndet, meist mit einer kurzen Demonstration von mir. Ein Tritt an die richtige Stelle zeigt dem Verursacher, dass er die empfindlichste Stelle seines Gegners zwischen den Beinen besser nicht anvisiert hätte. Ich musste vom ersten Tag an streng und unnachgiebig sein mit dieser Gruppe. Ich realisierte sehr bald, dass ich mehr sein musste als Trainer und Vorbild. Zwanzig, manchmal dreißig Jungs vom Haidach, nicht immer einfache Jugendliche verschiedener Nationalitäten und Altersgruppen, zwei Mal pro Woche losgelassen in einer Kampfsportart. Eine Gruppe, die sicherlich ein hochinteressantes Forschungsfeld für Soziologen und Gesellschaftsforscher abgegeben hätte, doch wir klärten unsere Probleme hinter verschlossenen Türen. Wir hatten unseren Ehrenkodex und es machte mich jedes Mal stolz, dass die meisten bereit waren, mitzuziehen. Als ich damals meine Trainingsarbeit mit diesen Jungs in der Sporthalle der Johanna-Wittum-Schule begann, blieb mir nicht lange verborgen, was den Haidach so berüchtigt gemacht hatte. Drogen, Gewalt, Waffen: Meine kleine Gruppe war kein Biotop von Gutmenschen in diesem Problemviertel. Im Gegenteil, diese Jungs brauchten mehr als ein paar Stunden Sport unter fachlicher Anleitung eines zweifachen Europameisters. Sie brauchten einen Freund mit den Eigenschaften eines Sozialarbeiters, der sich in ihre Situation hineinversetzen konnte. Sie brauchten einen Vertrauensmann, einen Vermittler, einen Rechtsbeistand, einen Integrationsbeauftragten, einen Kumpel, der selbst mal in der Klemme gesteckt hatte. Ich versprach, ihnen zu helfen, aber ich verlangte einen hohen Preis.

Meine Kontakte zur Polizei in Pforzheim waren inzwischen besser als zu meiner Jugendzeit, als Betriebsrat von Porsche genoss ich ein gewisses Ansehen und vor allem Vertrauen. Ich ließ die Behörden wissen, dass ich mich in der Lage sah, bestimmte Probleme von Mitgliedern meiner Thaiboxgruppe selbst zu lösen. Nur bei größeren, strafrelevanten Problemen beabsichtigte ich, die Hilfe der Polizei in Anspruch nehmen. In Pforzheim und Umgebung gab es einige, die im Besitz von Waffen waren. Ich wollte, dass die Jungs ihre Waffen abgaben und erwartete im Gegenzug Straffreiheit von den Behörden. Sonst wäre wohl keiner der Jungs meinem Plan gefolgt. Wie hätte ich denn auch diese Jugendlichen weiter in die Gesellschaft integrieren können, wenn sie wegen unerlaubten Waffenbesitzes verurteilt worden wären? Aktionen wie diese förderten das Vertrauen auf beiden Seiten. Ein Vertrauen, das ich danach bei jeder Trainingseinheit in der Halle spürte. Das Vertrauen, das sie mir entgegenbrachten, ließ ihre Bereitschaft wachsen, sich im Training zu quälen. Sie folgten mir. Die Gruppe wurde größer, zu den vielen russischen Spätaussiedlern kamen jetzt auch andere Nationalitäten. Meine beiden Söhne bildeten bereits die vietnamesische Fraktion. Auf dem Haidach sprach sich herum, dass es bei uns um mehr ging als Sport. Hier, in unserer kleinen Halle, konnten sie bei jedem Training eine Portion Selbstwertgefühl mitnehmen. Bevor dieses Kapitel jetzt aber in den Verdacht gerät, in einen sozialromantischen Kitschroman abzugleiten: In all den Jahren hat es auch Probleme gegeben. Es wäre naiv von mir gewesen zu glauben, dass ein paar Trainingseinheiten gereicht hätten, um aus den schweren Jungs eines nicht ganz einfachen Viertels liebevolle Mitglieder einer verantwortungsbewussten Gesellschaft zu machen.

Einmal hörte ich davon, dass ein paar Tage zuvor wieder ein Auto gestohlen worden war. Es war nichts Ungewöhnliches damals, ebenso die Tatsache, dass die Marke Audi besonders hoch im Kurs stand. Vor allem die 8oer- und 1ooer-Modelle aus Ingolstadt begeisterten. Ich hörte, dass einer, den ich kannte, den Diebstahl begangen hatte. Er war nicht verpfiffen worden, aber genug Menschen in meinem Umfeld hielten mich auf dem Laufenden. Ich ließ den jungen Mann kommen und wir regelten die Sache auf meine Weise. Ich kann heute jeden verstehen, der mir in dieser Situation eine Verletzung meiner staatsbürgerlichen Pflichten nachsagt. Es stimmt, ich hätte den Straftäter der Polizei übergeben müssen, doch ich entschied mich für den anderen Weg. Fragen Sie mich nicht, was ich mit dem Autodieb gemacht habe! Ich kann Ihnen nur soviel sagen: Ein Auto wird er nicht mehr stehlen und den Schaden haben wir sehr gering gehalten. Für problematischere Fälle – und davon gab es einige – konnte ich Juristen als Rechtsbeistände gewinnen. Körperverletzung, Raub, Drogen: Selten waren die Menschen begeistert, die Fälle meiner Problemkinder zu übernehmen, denn ein

Honorar gab es nie. Nur ein Dankeschön, wenn wieder mal einer vor einer Gefängnisstrafe bewahrt wurde und die Sache glimpflich endete. Ich wollte die Rabauken lieber draußen als im Knast haben, denn hier hatte ich mehr Kontrolle über sie. Ich bin immer wieder verblüfft, wie viele Menschen helfen können, wenn man es ihnen nur entschlossen nahelegt. Bei meiner ehrenamtlichen Tätigkeit mit den Jugendlichen versuche ich Selbstbewusstsein zu vermitteln, ohne das nötige Pflichtbewusstsein auszublenden. Ich will ihnen helfen, aufrecht durchs Leben zu gehen, aber ich stelle Bedingungen. Ich zwinge sie, sich mit dem deutschen Grundgesetz zu befassen. Wenn sie die Säulen unserer Verfassung verstanden haben und diese akzeptieren, wenn sie Deutsch lernen und ihre Sprachkenntnisse verbessern, dann werden sie Chancen haben, ihr Leben nach ihren Vorstellungen und Wünschen zu gestalten. Ich bin kein Verfechter einer deutschen Leitkultur, aber bei mir wird Deutsch gesprochen! Ich sage es ihnen immer wieder, denn ich glaube fest daran, dass es jeder in Deutschland packen kann, ob Heimkind, Migrant oder Aussiedler. Ich kämpfe mit ihnen, damit sie wegkommen von der Vergangenheit, die für viele problematisch war. Gerade neulich erst kam wieder ein Junge zu mir, der kurz zuvor einen Einbruch verübt hatte. »Was hast du angestellt?«, wollte ich von ihm wissen. »Ich war in einem Kiosk«, antwortete er kleinlaut. »Ja und?« »Der Kiosk war zu!« Vier kurze und ebenso knappe Sätze und er hatte seinen Einbruch zugegeben.

Den größten Stolz empfinde ich, wenn es wieder einmal heißt: Alle haben Arbeit! Auch der serbische Junge, der vor zwei Jahren zu mir kam und sich beschwerte. In sehr schlechtem Deutsch klagte er, dass er keine Chance habe in diesem Land. »Willst du hier Urlaub machen oder willst du hier leben?«, stellte ich ihn vor die Wahl. Trotzt seiner bescheidenen Sprachkenntnisse kapierte er, was ich meinte. »Arbeiten!« »Dann musst du Deutsch lernen und zwar schnell!« Er lernte Deutsch, heute hat er eine Arbeit. Wer in Deutschland leben und arbeiten will, muss Deutsch lernen. Das ist eine Grundvoraussetzung. Das heißt aber nicht, seine Wurzeln oder seine Herkunft zu verleugnen.

Gerne erinnere ich mich auch an einen türkischen Jungen aus Leonberg, dessen Bewerbungsunterlagen ich bei Porsche in die Hände bekam. Eine 3 in Betragen konnte ich übersehen, dann aber stellte ich im persönlichen Gespräch fest, dass er nicht in der Lage war, auch nur einen Satz richtig zu lesen. Dieser Junge hatte keine Chance, nirgendwo! Da war er neun Jahre zur Schule gegangen und sein Lehrer hatte nichts von seiner Leseschwäche bemerkt. Konnte ich diesen schüchternen Jungen, der mir auch eine unsichere Persönlichkeit zu sein schien, für das Versagen seines Lehrers verantwortlich machen? Ich merkte, dass der Junge Hilfe brauchte, ihm fehlten Disziplin und Rückgrat. Ich fragte ihn, ob er sich vorstellen könne, zu mir zum Thaiboxen zu kommen. Er war bereit und er kam – jeden Freitag aus dem 30 Kilometer entfernten Leonberg nach Pforzheim, bis heute. Er wird nie Welt- oder Europameister werden, aber er hat einen eisernen Willen bekommen in unserer Gruppe. Er hat erfahren, dass aus ihm etwas werden kann, wenn er einem Ziel folgt. Heute hat er seine Ausbildung bei Porsche abgeschlossen. Er ist einer der Besten und wird sogar in China eingesetzt. Hier wurde aus einem Verlierer ein Gewinner gemacht. Das Lesen hat er auch gelernt.

Ich bin nicht der Messias oder der Guru vom Haidach oder Pforzheim, denn es sind keine Wunder, die ich da oben vollbringe. Ich habe nur gelernt, dass du anpacken musst, wenn du etwas verändern willst. Dass du eine Balance finden musst zwischen Fordern und Fördern. Eines Tages kam ein anderer Junge in die Sporthalle. Mir imponierte sofort seine Ehrlichkeit. »Meister«, sagte er und es war keine unterwürfige, sondern vielmehr eine respektvolle Anrede, »ich würde so gerne bei dir mitmachen, aber ich kann mir die Handschuhe und die Schützer nicht leisten. Meine Mutter hat kein Geld, seit sie von Hartz IV leben muss.« Mir kam eine Idee. »Pass auf, ich schenke dir die Handschuhe und die Schützer, unter einer Bedingung: Du arbeitest das bei mir ab. Du kommst regelmäßig zum Training, leerst die Mülleimer, kontrollierst die Sauberkeit der Duschen und schaust am Ende, ob das Licht auch ausgemacht wurde.« Ohne eine Sekunde zu zögern, übernahm der Junge diesen Job, bis heute ist er einer unserer treuen Helfer. Der Junge hat meine Unterstützung bekommen und dabei gelernt, Verantwortung zu übernehmen.

Genauso stolz bin ich auf unseren russischen Bären. So haben wir ihn genannt, weil er groß, stark und tapsig ist. Als ich ihn vor 15 Jahren kennenlernte, war er ein unbeholfener Mensch, der von den anderen ausgenutzt wurde. In Russland hatte er sogar studiert, in Deutschland aber schaffte er es nicht, Fuß zu fassen. Es hatte damit angefangen, dass er als Aussiedler nur sehr wenig Deutsch sprach und durch die Abgrenzung seiner Landsleute auch keine Chance bekam, sich zu verbessern. Auf dem Haidach sprach man früher Russisch. Als Taxifahrer wurde er betrogen, meistens hat er umsonst gearbeitet, weil man ihn unfair behandelt hat. Auch auf dem Schlachthof wurde er nur ausgebeutet und betrogen. Er war ziemlich enttäuscht darüber, wie man mit ihm umgegangen ist, als er zu uns kam. Sein sozialer Zusammenbruch schien unausweichlich. Schon nach ein paar Wochen regelmäßigen Trainings konnte keiner in der Gruppe seine

Fortschritte übersehen, manche bekamen sie auch zu spüren. Der russische Bär wurde ein guter Kämpfer, er lernte Deutsch, er entwickelte Selbstbewusstsein. Ich forderte ihn immer wieder und war jedes Mal erstaunt, in welchem Tempo er zurückschlug. Immer schneller, immer härter, immer entschlossener. Das machte er zum Sinnbild seines Lebens. Der bemitleidenswerte Hilfsarbeiter ist heute eine Fachkraft für Lagerwirtschaft und ein gefragter Werkschutzfacharbeiter. Aus ihm ist etwas geworden, weil er bereit war, Nachhilfekurse zu besuchen, damit er seine Fachliteratur besser verstehen konnte. Im Lauf der Jahre hat diese Gruppe, die aus Italienern, Türken, Russen, Polen, Deutschen, Vietnamesen, Ukrainern, Kasachen, Tschechen, Weißrussen und Serben besteht, so viele positive Schicksale hervorgebracht. Elf Nationalitäten, deren Zusammenleben nicht immer konfliktfrei gewesen ist. Aber sie haben alle gelernt, dass sie dem großen Begriff »Respekt« folgen müssen. Sie haben verstanden, dass dieses von mir häufig in die Halle gebrüllte Wort alle Tugenden in sich vereint, die ihre Religionen ihnen vorgeben, egal ob sie als Christen, Moslems, Juden oder Buddhisten in unserer Gruppe kämpfen.

Eine zusätzliche Motivation waren gelegentliche Besucher, vor allem, wenn sie unverhofft kamen. Unser russischer Bär staunte nicht schlecht, als ich am 10. November 2008 den russischen Botschafter in die Halle mitbrachte. Vladimir Kotenev wollte sich ein Bild machen von der Integrationsarbeit im Verein und bei der Elterninitiative Buckenberg-Haidach und Hagenschieß e.V. Der Botschafter war begeistert und meine Jungs stolz. Mit Vladimir bin ich auch heute noch gut befreundet.

Zwei Jahre später schaute auch noch der Zweite Moskauer Bürgermeister vorbei. Er war als Teil einer Besucherdelegation zu Porsche nach Zuffenhausen gekommen und ich konnte Juri Rosljak sehr leicht für einen Ausflug nach »Klein-Moskau« gewinnen. Er hatte schon durch den Botschafter von uns gehört und zeigte sich ebenfalls angetan von der Intensität unseres Trainings. Wer immer uns in all den Jahren besucht hat, für meine Jungs ist es immer eine besondere Ehre gewesen, für mich nicht weniger. Irgendwann, ich weiß nicht mehr genau, wann es anfing, entdeckten uns die Medien. Den Pforzheimer Zeitungen war nicht verborgen geblieben, dass dieser so engagierte FSV Buckenberg mit seinen vielen ehrenamtlichen Kräften, zu denen inzwischen auch ein »Integrationsminister« gehörte, erfolgreich gegen den Trend arbeitete. Während in Deutschland gerne über soziale Kälte lamentiert und die unglaublichsten Debatten losgetreten wurden, berichtete man jetzt lieber über die positiven Geschichten vom Haidach. Fernsehsender folgten, und zeigten unsere kleine Welt, die so wenig repräsentativ schien. Dort, wo Jahre zuvor noch Gewalt und Hoffnungslosigkeit regierten, wurden wir jetzt als Beispiel erfolgreicher Integrationsarbeit angeführt. Ich bin stolz auf die vielen ehrenamtlichen Mitarbeiter des FSV und verneige mich vor ihrer Leistung! Wann immer eine Illustrierte oder Fachzeitung über meinen Aufstieg bei Porsche berichtete, kamen die Journalisten auch zu uns in die Halle. Meinen Jungs gefiel das, denn es gab ihnen einen zusätzlichen Schub. Die Welt sollte sehen, was sie hier leisteten. Vergangenes Jahr war sogar mein Freund Ralf Möller zu Gast in Pforzheim. Wir hatten uns auf der Internationalen Automobilausstellung in Frankfurt am Main kennengelernt und er war meiner Einladung, unsere Gruppe zu besuchen, schon ein paar Wochen später nachgekommen. Vom Bodybuilder zum Schauspieler, aus einem Arbeiterviertel in Recklinghausen nach Hollywood – jetzt hatten die

Jungs sogar einen Prominenten hier, der ihnen sagte, wie er sich hochgearbeitet hatte. Er schaute sich unser Training an, anschließend tauschten wir uns über mögliche gemeinsame Aktivitäten aus. Vielleicht machen wir einen Schaukampf in der Jahnhalle, um mit den Einnahmen ein Jugendprojekt zu unterstützen. Es gibt eine Menge Ideen, die nur so aus uns heraussprudelten. Am besten gefiel mir der Vorschlag, seinen Freund Arnold Schwarzenegger für unsere Sache einzuspannen. Schulen besuchen, Projekte anschieben, mit gutem Beispiel vorangehen: Mir fallen so viele Baustellen ein, die wir drei gemeinsam bearbeiten könnten. Schwarzenegger, Möller, Hück: Wir drei Schwergewichte hätten eine hohe Aufmerksamkeit in den Medien und die könnten wir nutzen, um größere soziale Projekte anzugehen. Warum sollte uns nicht in Deutschland gelingen, was wir hier im kleinen Rahmen schon alles geschafft haben?

Auf dem Haidach aber bin ich noch lange nicht fertig. Seit fast zwei Jahren schon beklagen die vielen Fußballer den schlechten Zustand unseres Kunstrasens. Er wirft Wellen, die eine große Verletzungsgefahr bedeuten, wenn du sie übersiehst. Der Ball läuft schon lange nicht mehr glatt. Als mir die Fußballer das erste Mal davon berichteten, hätte ich am liebsten gleich einen neuen Belag bestellt. Wie teuer so ein Kunstrasen ist, hätte ich nicht gedacht! Ein seriöser Kostenvoranschlag lag bei 400 000 Euro und ich brauchte nicht mal ein Gespräch mit unserem Schatzmeister, um einzusehen, dass wir diese Summe niemals aus der Vereinskasse bezahlen könnten. Auf der anderen Seite aber konnten wir den Fußballplatz, der ja auch von den Schulen und den Leichtathleten genutzt wurde, nicht weiter vergammeln lassen. Die Sache wurde zum Großprojekt. Mit meinem gewohnt ungestümen Pragmatismus glaubte ich, die Sache schnell erledigen zu können. Ich musste zuerst mit der Stadt verhandeln, dort allerdings wurden meine Befürchtungen nur bestätigt. Wie viele andere Kommunen in Deutschland hatte auch Pforzheim im Jahr 2005 versucht, durch riskante Finanzgeschäfte den öffentlichen Haushalt zu entlasten. Die damalige Bürgermeisterin und ihre Kämmerin investierten in hochspekulative Wetten auf den Abstand zwischen kurz- und langfristigem Zinsniveau. Der Schuss ging nach hinten los, die Stadt verspekulierte bis zu 60 Millionen Euro. Mein erster Besuch im Rathaus war ernüchternd. Schulen, Rathaus, Kindergärten: Überall mussten dringende Renovierungen verschoben werden und jetzt kam ich mit unserem Kunstrasenplatz. Bei allem Verständnis für die aktuelle Situation wollte ich nicht einsehen, dass die Bürger dauerhaft unter der Verantwortungslosigkeit ihrer gewählten Vertreter leiden sollten. Der Zustand unseres 17 Jahre alten Platzes wurde immer schlechter, gerade in den Torräumen sorgte der Flickenteppich für erhöhte Verletzungsgefahr. Als ich in unseren Verträgen die rechtliche Situation überprüfen wollte, stieß ich auf eine Passage, in der der Verein verantwortlich gemacht wurde für die Verkehrssicherheit seiner Sportanlagen. Das hielt ich für sittenwidrig, meinem Rechtsempfinden nach war immer der Eigentümer für die Sicherheit verantwortlich. Ende Mai 2011 kündigten wir den Vertrag mit der Stadt. Die Antwort ließ nicht lange auf sich warten. Zwei Wochen später verfügte die Sportbürgermeisterin die Schließung des ramponierten Kunstrasenplatzes. Mich empörte die Doppelmoral dieser Entscheidung, denn erst nachdem die Stadt die juristische Verantwortung für die Sportanlage übernehmen musste, erfolgte die Sperrung. Unser Zweiter Vorsitzender Eddi Mörgenthaler schilderte mir die möglichen Konsequenzen, er war genauso empört wie ich. Wir haben mehr als 500 Mitglieder in 18 Mannschaften, von denen ein Großteil im Winter auf das Abendtraining angewiesen war. Doch nur der gesperrte Kunstrasenplatz verfügte über eine Flutlichtanlage, das benachbarte Stadion mit Rasenplatz lag im Dunkeln. Sollten die jungen Leute, denen wir im Verein ein Stück Heimat bedeuteten, jetzt wieder auf die Straße? Sollten wir warten, bis der städtische Haushalt wieder konsolidiert war? Also viele Jahre? Ich wollte selbst Geld auftreiben, zur Not musste ich Geld eintreiben, Robin Hood ging wieder auf Raubzug.

Ich musste nicht mal weit gehen, um die Porsche AG ins Boot zu holen. Unsere Firma hat sich in der Vergangenheit durch Hunderte soziale Projekte hervorgetan, deren Ursprünge oft noch auf die Initiative von Ferry Porsche zurückgingen. Tradition verpflichtet: Es gelang mir tatsächlich, eine Beteiligung an der Erneuerung unseres alten Sportplatzes, der inzwischen zu einem Bolzplatz verkommen war, auszuhandeln. 100 000 Euro, der Anfang war gemacht. Die Porsche AG hatte neben dem FSV auch noch weitere Sportvereine unterstützt und ohne diesen Zuschuss hätten wir vermutlich noch lange auf einen neuen Platz warten müssen. Jetzt musste die Stadt reagieren, der Bürgermeister konnte sich seiner Verantwortung nicht länger entziehen. Wir, als Teil einer verantwortungsbewussten Gesellschaft, waren dank Porsche in Vorlage getreten. Nun wollte ich der Stadt erklären, dass sie auch etwas unternehmen musste. Schon vor ein paar Jahren, als es um die Verträge mit den Sportvereinen ging, deren Inhalt ich als verantwortungslos empfand, war ich mit leichtem Druck erfolgreich gewesen. Damals schilderte ich dem Bürgermeister, wie schnell ich eine Demonstration auf dem Marktplatz zustande bekäme. Ein kurzer Aufruf via Facebook, und schon hätten wir einen publikumswirksamen Auflauf in der Stadt. Ich rede hier nicht von Erpressung oder Nötigung der Stadt, ich hielt es vielmehr für eine eindringliche Empfehlung und damit hatte ich schließlich Erfolg. Als es im Oktober 2011 um die fehlenden 300 000 Euro ging, war ich wieder nicht um Argumente verlegen. Ich erinnerte den Bürgermeister an seine Verantwortung, ich beschrieb den schlimmen Zustand vieler Schulen, an denen es kaum noch Sportunterricht gab. Mir war zu Ohren gekommen, dass es in Pforzheim Schulen gab, die als Alibi ein paar Leibesübungen im Klassenzimmer durchführten, weil es an einer entsprechenden Sporthalle fehlte. Ich erklärte ihm, dass es einen direkten Zusammenhang zwischen den stetig steigenden Kosten im Gesundheitswesen und dem katastrophalen Zustand des Sportunterrichts an den Schulen gab. Am 24. Oktober 2011 veröffentlichte die Stadt Pforzheim folgende Pressemitteilung: »Politik kann manchmal ganz einfach sein. Oberbürgermeister Gert Hager und Porsche-Gesamtbetriebsratsvorsitzender Uwe Hück haben am Montagvormittag eine Vereinbarung unterzeichnet, die für die Zukunft des FSV Buckenberg wichtig ist. Der neue Kunstrasenplatz wird von Porsche mit 100 000 Euro unterstützt, die Stadt bezahlt die restlichen 300 000 Euro.« Selbst für die Übergangszeit bis zur Fertigstellung der neuen Sportanlage wurde eine Lösung gefunden, schnell, pragmatisch und unbürokratisch. »Das bestehende Flutlicht kann auf Platz 1 umgedreht werden und durch zwei weitere Masten ergänzt werden. Damit ist der Platz im Winter nutzbar. Eine ausgezeichnete Lösung, die allen Interessen entgegen kommt«, so die Pressemitteilung. Politik kann wirklich so einfach sein!

Heute freut sich der FSV Buckenberg 1921 e.V. über weiter steigenden Zulauf, von den insgesamt 540 Vereinsmitgliedern zählen wir allein 320 Kinder und Jugendliche. Wir haben es geschafft, nicht nur die Jüngeren an den Verein zu binden, auch die Eltern beispielsweise aus Kamerun oder Äthiopien versuchen wir, ins Vereinsleben zu integrieren. Unsere Fußballabteilung kann in der B-Jugend, also im sogenannten Problemalter zwischen 15 und 17 Jahren, gleich zwei Mannschaften aufstellen. Andere Vereine im Umkreis müssen fusionieren, um überhaupt elf Spieler zusammen zu bekommen. Wir sind eine starke Mannschaft, ohne die ich meine Pläne niemals hätte realisieren können. Jeder von ihnen hätte eine Seite dieses Buches verdient, am besten aber, Sie besuchen einfach unsere Vereinsseite im Internet, dort sehen Sie unser großartiges Team. Stellvertretend für alle bin ich zu Anfang des Jahres 2012 von höchster Stelle geehrt und ausgezeichnet worden. Der Deutsche Fußball-Bund e.V. hat mich für ein Jahr in den »Club 100« aufgenommen. Im Rahmen der DFB-Aktion »Ehrenamt«, die sich in diesem Jahr der sozialen Integration im Sport verschrieben hat, wurde ich als Vorsitzender für die hervorragende Arbeit unseres FSV ausgezeichnet. Der große DFB mit seinen insgesamt 26 000 Vereinen und 600 000 ehrenamtlichen Mitarbeitern und Helfern ist auf die Arbeit unseres Vereins aufmerksam geworden. Wer hätte das je für möglich gehalten, als der Haidach vor 20 Jahren noch als berüchtigtes Viertel galt, um das man besser einen weiten Bogen gemacht hat? »Der Robin Hood vom Buckenberg« und »Willkommen im DFB-Ehrenamts-Club« titelten die Pforzheimer Zeitungen im Januar 2012. Hück in den Schlagzeilen, Hück auf den Fotos, doch die Ehre gebührt allen in diesem außergewöhnlichen Verein.

Der Kunstrasenplatz übrigens hat sich zum Magneten entwickelt. Manchmal, wenn ich dort vorbeischaue, bevor ich zu meinen Jungs in die Halle gehe, muss ich schmunzeln.

Wenn der neue Platz weiter so beansprucht wird, werden wir in absehbarer Zeit wieder einen neuen brauchen.

Meine Thaibox-Jungs verfolgen seit Jahren ein großes Ziel, das ich aus meinem Selbstverständnis als Kämpfer heraus nicht unterstützen kann:»Wenn der Uwe 50 ist, hauen wir ihn um«, machen sie sich seit einiger Zeit gegenseitig Mut. Ihnen sollte allerdings nicht entgangen sein, dass ich heutzutage härter trainiere als früher während meiner Zeit als Profi. Je älter ich werde, desto intensiver muss ich nämlich arbeiten, um mein Niveau halten zu können. Dieses Jahr im Mai habe ich meinen 50. Geburtstag gefeiert. Meine Jungs haben mir ein schönes Geschenk gemacht, mehr aber werde ich nicht zulassen. Ich fürchte, sie werden weitere zehn Jahre warten müssen.

Porsche und VW

Der lange Weg in eine strategische Partnerschaft

Porsche und VW: Der lange Weg in eine strategische Partnerschaft Ob meine Zeit im Heim, die Lehre, die Boxkämpfe im Ring, die Familiengründung, die Karriere im Betriebsrat, die Jungs auf dem Haidach – meine größte Herausforderung wartete noch auf mich: Die Absicherung von Porsche für die Zukunft. Die Zukunftssicherung unseres unvergleichlichen Unternehmens als kleiner, aber feiner, in der ganzen Welt einzigartiger Sportwagenbauer aus Zuffenhausen. Porsche war ja sehr erfolgreich, die Unternehmenszahlen kletterten Jahr für Jahr in die Höhe. Doch die Zeichen der Zeit deuteten schon seit längerem darauf hin, dass wir irgendwann ohne den Verbund mit einem großen Partner nicht mehr auskommen würden. Auf der anderen Seite war es bei uns auch immer oberstes Prinzip gewesen, unsere Eigenständigkeit zu bewahren, denn daran hing und hängt die Einzigartigkeit und der Mythos von Porsche. Wenn ich heute zurückblicke, kann ich mir sicher sein, dass wir diese Herausforderung gemeistert haben, dass wir dieses wichtige Ziel erreicht haben, die Zukunftssicherung von Porsche im Verbund mit Volkswagen, und das mit einer sehr speziellen Position im Gesamtkonzern. Ich will aber nicht verschweigen, dass dieses Ziel nur nach großen Schwierigkeiten und unter schlimmen Schmerzen erreicht wurde. Denn was für uns im Jahr 2005 als perspektivische Suche nach einer abgesicherten Partnerschaft für Porsche begonnen hatte und zunächst auch von allen Seiten überschwänglich begrüßt wurde, entwickelte sich irgendwann zu einer bitterbösen Auseinandersetzung, und die Medien hatten ihre Schlagzeile: »Übernahmeschlacht mit VW«. Eine markante Phrase, die in den Wirtschaftsteilen der Presse unablässig geschürt wurde. Ein Krieg zwischen Porsche und VW ließ sich schließlich auch für die Medien besser verkaufen als Berichte über eine strategische Partnerschaft. Was wir ab dem Spätsommer 2007 erlebten, war ohne Beispiel: eine Eskalation, die auf allen Schienen immer weiter hochgetrieben und hemmungslos auf alle Ebenen getragen wurde – auf die Tische der Chefredaktionen ebenso wie in die Parlamente, in die Amtsstuben der Justiz ebenso wie in die Glastürme der Banken. Und wir Betriebsräte wurden mitten hineingezogen. Es war ein Wirtschaftskrimi, im wahrsten Sinne des Wortes, der sich aller Mittel bediente. Ein Hauch von Hollywood wehte damals, ab dem Sommer 2007, durchs Land. Für die Öffentlichkeit war es schließlich großes Theater, und ich stand mitten auf der Bühne. Ich geriet in einen wahren Medien-Hype. Interviews in allen großen deutschen Tageszeitungen, Live-Schaltgespräche im *heute journal* des ZDF und in den *Tagesthemen* der ARD. Dazu etliche Auftritte in Talkshows. Ich sollte den Bürgern erklären, was da in den heißen Monaten der Jahre 2007 bis 2009 ablief. Die Redaktionen riefen in unserem Büro an, weil sie sicher sein konnten: Uwe Hück spricht Klartext. Nicht immer geschliffene Worte mit korrekter Grammatik, aber immer ehrlich und mit viel Herzblut. Anders als die verbalen Nebelkerzen einiger Politiker, die glaubten, sich in den Konflikt einschalten zu müssen, und die damit noch großen Schaden anrichten sollten.

Vielleicht wird manches klarer, wenn ich an die Anfänge des Zusammengehens dieser zwei deutschen Wirtschaftsikonen zurückgehe. Porsche hatte eine rasante Entwicklung hinter sich, nachdem der Konzern 1992 noch fast pleite gewesen war. Unter der Führung von Wendelin Wiedeking, der damals mit Finanzvorstand Holger Härter das Ruder übernommen hatte, jagte Porsche von einem Rekord zum nächsten. Unsere Umsatz- und Gewinnzahlen stiegen Jahr für Jahr, wobei mir immer wieder wichtig ist zu betonen, dass es die Kolleginnen und Kollegen in unserer Belegschaft waren, die diese positiven Ergebnisse erwirtschaftet hatten. Es entsprach Porsches Vorstellung von unternehmerischem Handeln, diese Gewinne – wir sprachen schon damals über Milliarden – zu reinvestieren. Porsche blickte dabei weit über den Tellerrand hinaus. Statt die Gewinne auszuschütten, sahen wir eine historische Chance, das Geld für eine grundlegende und langfristige Absicherung von Porsche in eine strategische Partnerschaft einzubringen. Der unternehmerische Weitblick verriet uns, dass wir es eines Tages nicht mehr alleine schaffen würden. Die Entwicklungskosten neuer Antriebstechnologien stiegen, die großen Herausforderungen des neuen Jahrtausends würden nur mit einem starken Partner zu lösen sein. Mit einem direkten Engagement beim Partnerunternehmen wollten wir die Zukunftsfähigkeit von Porsche aktiv angehen.

Zum Beispiel unsere Visionen von einer Porsche-Limousine, unsere Pläne für den Panamera. Wiedeking gefiel die Idee einer vierten Baureihe, doch wir wussten, dass es ohne Entwicklungs- und Fertigungspartner niemals erfolgreich zu schaffen sein würde. Warum also nicht wieder VW? Unser »großer Bruder« in Niedersachen, mit dem wir ja bereits den Cayenne erfolgreich bauten und mit dem uns nicht nur historische Wurzeln verbanden. Schon seit Jahrzehnten gab es viele gemeinsame Projekte mit den Wolfsburgern. VW war auch dafür unser natürlicher Partner und mit der Ausweitung dieser Kooperation lag es für Porsche jetzt umso näher, diese Zusammenarbeit durch eine aktienrechtliche Beteiligung zu unterlegen. Diese Idee des Einstiegs von Porsche bei VW kam selbst bei dem Menschen gut an, der später genau deswegen einer meiner Gegner in der Sache werden sollte – bis wir irgendwann zu Freunden wurden: Bernd Osterloh, Vorsitzender des Gesamt- und Konzernbetriebsrats der Volkswagen AG. Glatzkopf wie ich, gleiche Gewichtsklasse, genauso kämpferisch! Auch Bernd begrüßte damals unseren Einstieg als Aktionär bei VW zum Ausbau unserer starken und gesunden Partnerschaft.

Es war schon ein starkes Stück deutscher Wirtschaftsgeschichte: Der kleine David Porsche wollte ein Großaktionär bei Goliath VW werden. Von allen Seiten, einschließlich Wolfsburg, vernahmen wir durchweg positive Resonanz, auch die Öffentlichkeit reagierte mit breiter Zustimmung auf unseren Einstieg. Die Vision einer strategischen Partnerschaft entsprach dem Zeitgeist viel mehr. Wiedeking, für seine jahrelange Erfolgsserie bei Porsche ohnehin gefeiert, erntete nun auch für seine neuen Ideen überall Lob. Ob Gewerkschaften, Politiker, Belegschaften, Fachmedien oder die deutsche Öffentlichkeit: So lange es um die Kooperation dieser beiden Unternehmen und außerdem um die Stabilisierung von VW ging, hatte niemand etwas gegen die Idee, dass der kleine Sportwagenhersteller aus Baden-Württemberg und der fünfzehnmal größere Automobilkonzern aus Niedersachsen zusammenrücken würden.

Die Dinge liefen gut. Wir hatten auch keine Eile, unser Vorstand konnte die Entwicklung unserer Beteiligung über die Zeit hin in aller Ruhe überprüfen und je nach den Umständen festlegen. Ermutigt von der allgemeinen Zustimmung und der Richtigkeit des Einstiegs, die sich in der Folgezeit immer weiter bestätigte, erhöhte Porsche nach und nach seine Anteile an VW. Im März 2007 überschritt unsere Beteiligung die 30-Prozent-Schwelle und wir waren jetzt nach dem Gesetz verpflichtet, den VW-Aktienbesitzern ein sogenanntes »Pflichtangebot zur Übernahme« all ihrer Aktien zu unterbreiten. Vielleicht lag es an diesem Gesetzesbegriff, dass die Stimmung kippte. Plötzlich waberte nämlich der Begriff »Übernahme« durch die Öffentlichkeit. In die Aufbruchstimmung, die uns die vergangenen Monate beflügelt hatte, mischten sich erste Misstöne, die aus Wolfsburg kamen. Die Situation wurde von unglücklichen Äußerungen Wiedekings befeuert, der damals von »heiligen Kühen« sprach, die es auch in Wolfsburg nicht geben könne. Das gefiel mir überhaupt nicht. Sicherlich wurde die Stimmung auch belastet durch unsere Forderung, der Porsche-Belegschaft eine paritätische Beteiligung im Aufsichtsrat der Porsche SE, also unserer neu gegründeten Holding, zu sichern. »Porsche muss Porsche bleiben« – das war eben unsere erste Prämisse. Die Wahrung von Porsches Eigenständigkeit galt immer schon als unsere Bedingung und beide Familienstämme bestätigten uns das auch immer wieder ohne jede Einschränkung. Gegen diese Regelungen, die wir zur Absicherung der Beteiligung unserer Belegschaft in den Gremien der neuen Holding getroffen hatten, regte sich plötzlich Widerstand in der Belegschaft von VW. Im September und nochmals im Dezember 2007 zog Bernd Osterloh sogar vor die Gerichte, begleitet von ersten harschen Tönen in den Medien. Er scheiterte allerdings mit seinen Anträgen. Aus heutiger Sicht halte ich Bernds Vorgehen für nachvollziehbar. Doch unsere Vereinbarung zur Mitbestimmung in der Porsche SE war rechtens, deshalb konnte er sie nicht kippen. Aber trotz dieser rechtlichen Klärung: Von da an war und blieb der »Mitbestimmungsstreit«, wie er in den Medien bezeichnet wurde, ein Dauerthema im Blätterwald – bis die Dosis irgendwann erhöht und die Sache sogar zur »Übernahmeschlacht« hochstilisiert wurde.

Manchmal war es mein Eindruck, dass es Menschen gab, die eine »feindliche Übernahme« geradezu herbeireden wollten. Dabei hatte es nie einen Übernahmeplan gegeben. Ich werde den Tag nie vergessen, an dem dieser Begriff zum ersten Mal in den Zeitungen auftauchte. »Feindliche Übernahme von VW durch Porsche« – unfassbar, ein Tabubruch! Außerdem konnte man beobachten, dass sich die Angriffe in den Gazetten mehr und mehr auf eine Person konzentrierten. Wendelin Wiedeking, kürzlich noch Unternehmer des Jahres und überall hofierter deutscher Wirtschaftsführer, wurde jetzt in allen Farben als unsozialer Kapitalist skizziert – das war er nicht und das ist er auch nie gewesen!

Aber nicht nur in den Medien kam Gegenwind auf. Parallel dazu wurde ein zweites Feld aufgemacht. Als wäre dieser Wirtschaftskrimi Teil einer Inszenierung, wurde die Politik auf die Bühne geholt. Zunächst im politischen Geflecht Niedersachsens, dann auch im Bund, ja sogar bis nach Brüssel liefen die Interventionen. Immerhin standen damals im Januar 2008 Landtagswahlen in Niedersachsen an und Christian Wulff wollte als Ministerpräsident wiedergewählt werden. Ebenso unzufällig wie plötzlich wurde unsere Beteiligung bei VW zum Gegenstand von Parlamentsdebatten. Es gab eine Art politische Untergrundarbeit, so habe ich es gefühlt. In Niedersachsen war man sich ganz schnell parteiübergreifend einig in der Ablehnung von Porsche. Kein Wunder, wenn man sich die Bedeutung von VW für Niedersachsen verdeutlicht. Zu Zeiten der großen Koalition ließen sich die niedersächsischen Befindlichkeiten leicht und schnell ins Berliner Regierungsviertel transportieren. Von Wulff direkt ins Ohr der Kanzlerin. Da war es natürlich ein geschickter Schachzug unserer Kritiker, Porsche zu dieser Zeit als »Hegdefond mit angeschlossener Automobilproduktion« zu brandmarken. Das Bild der aggressiven Zuffenhausener, die den VW-Werken ans Leder wollten, passte in diese unsachliche Diskussion.

Vielleicht waren wir gegenüber diesen Aktivitäten manchmal zu defensiv, vielleicht auch zu blauäugig. Wir haben Rücksicht genommen auf Personen, die uns das später nicht danken sollten. Hinzu kam, dass wir uns auf dem glatten politischen Parkett bestimmt auch nicht immer geschickt bewegt haben. Ich glaube, ab und zu hätte uns ein guter Schuss mehr Demut und Respekt gut getan. Jedenfalls zeigte die Medien- und Lobbyarbeit gegen Porsche jetzt Wirkung. Es war ein gefährliches Gemisch, das über Monate hinweg hochkochen konnte und in das wir auch noch Öl schütteten. Im September 2008 kam es in Wolfsburg sogar zu einer Demonstration auf dem Werksgelände. Der Aufsichtsrat tagte im VW-Hochhaus, davor versammelten sich 40 000 Beschäftigte, um gegen Wiedeking und Porsche zu demonstrieren. Etwa zur gleichen Zeit wurde die Kanzlerin zu einer Betriebsversammlung der VW-Stammbelegschaft nach Wolfsburg eingeladen. Vielleicht war Frau Merkel ja berauscht von so vielen vor ihr stehenden VW-Werkern und möglicherweise ist ihr der folgende Satz im Überschwang der Gefühle rausgerutscht. Sie benutzte ihr Grußwort zu einer unmissverständlichen Botschaft gen Süden: »Die in Baden-Württemberg können ja alles außer Hochdeutsch, ihr aber könnt alles und Hochdeutsch noch dazu«.

Dieser eine Satz, diese auf Polarisierung abzielende Bemerkung, hätte einer Bundeskanzlerin nicht passieren dürfen. Vielleicht zählten für Frau Merkel in diesem Moment die 324 000 VW-Werker mehr als unsere bei Porsche. Aber wie kann das einen solchen verbalen Tiefschlag gegen die 12 000 Menschen im Süden rechtfertigen? Was können der Metzger in Esslingen und der Handwerker in Mühlacker für ihren Dialekt? Ich wurde zornig! Hätte sie gesagt, der Hück kann kein Hochdeutsch, hätte ich sie ja verstanden. Aber sich nun auf diese Art und Weise in unserer Sache zu positionieren? Monatelang hatte sie dem Streit zwischen den verschiedenen politischen Lagern um ein neues VW-Gesetz zugesehen und es in ihrer typischen Manier vermieden, sich festzulegen. Jetzt aber griff sie die Menschen in Baden-Württemberg und besonders uns Porscheaner an. Wo war da unser Landesvater Oettinger?

Kein Wunder, dass der Ton zwischen uns Betriebsräten bei all dem rauer wurde, Osterloh in Wolfsburg, Hück in Zuffenhausen. Unsere Belegschaften verlangten einen bedingungslosen Einsatz von uns und wir blieben nichts schuldig. Die Sache verlangte es und nur um die ging es, nicht um die handelnden Personen. Viele Zeitungen schrieben damals von einem Machtkampf der Betriebsräte. Ja, wir hatten unsere Stellungen eingenommen. Was ich immer vermeiden wollte, ließ sich jetzt nicht mehr aufhalten. Wir befanden uns nun doch mitten in einer harten Auseinandersetzung. Es waren schwere Monate damals im Jahr 2008 und schon in dieser Zeit habe ich eine Menge Provokationen erleben müssen. Jeder, der mich kennt, weiß, wie ich darauf reagiere. Entschlossen, ohne Angst und angriffslustig: Das bekamen jetzt einige zu spüren. Als die öffentlichen Angriffe gegen uns immer polemischer wurden und ich dann sogar Äußerungen meines Kollegen Bernd Osterloh lesen musste, dass die VW-Belegschaft mit 324 000 Kolleginnen und Kollegen mehr wert sei als unsere mit 12 000, konnte ich das nicht mehr hinnehmen. Wie oft hatte ich mir auf die Zunge gebissen, um die Tür für Gespräche offen zu halten. Jetzt war die Zeit gekommen, da ich dagegenhalten musste. In einem Zeitungsinterview verglich ich Bernd mit einem angeschlagenen Boxer, der nicht mehr richtig weiß, was er macht. Ich habe während meiner Zeit als Thaiboxer genug solcher Gegner im Ring gehabt. Sie verlieren die Kontrolle, wissen nicht mehr, was sie tun und taumeln bald dem sicheren Ende entgegen. Wenn ich heute im Blätterwald von damals lese, wie kampfeslustig wir beide – Bernd und auch ich – gewesen sind, bereue ich die verletzenden Äußerungen, vor allem die mit dem angeschlagenen Boxer. Heute würde ich vieles nicht mehr so sagen, weil sich die Wogen längst geglättet haben. Bernd Osterloh und Uwe Hück: Aus erbitterten Gegnern sind starke Partner für ihre Belegschaften und Freunde im persönlichen Leben geworden. Ein schönes Zeichen dafür sehe ich in den Filmaufnahmen der gemeinnützigen Frankfurter Initiative Respekt! Kein Platz für Rassismus GmbH, für die wir beide voriges Jahr in einen Boxring gestiegen sind – eine schöne Symbolik ganz in meinem Sinne: Der Kampf um die Sache kann hart und muss fair sein, aber danach gibt man sich freundschaftlich die Hand.

Dass wir zu Partnern und sogar Freunden werden konnten, hat seinen Ursprung im Herbst 2008, und den Medien blieb das verborgen. Porsche hatte im September seine VW-Aktien auf über 35 Prozent der Stimmrechte aufgestockt und damit die Hauptversammlungsmehrheit bei Volkswagen erreicht. Das gab der VW-Belegschaft das Recht, in den Betriebsrat und Aufsichtsrat der Porsche SE einzuziehen. So hatten wir es in unserer Mitbestimmungsvereinbarung auch vorgesehen und wir begrüßten es deshalb auch sehr, dass die VW-Kollegen zu uns in den Betriebsrat der Holding kommen sollten. Dort würden sie über das volle Stimmgewicht ihrer riesigen Belegschaft verfügen. Noch im September nahmen wir erste Gespräche über die Formalia auf, die zunächst von Bernds und meinen Vertrauten geführt wurden. Diese Treffen erwiesen sich überraschend kooperativ, später sogar richtig vertrauensvoll und sie mündeten dann auch in Bernds

Wahl zum Vorsitzenden des Betriebsrats der Porsche SE noch im Dezember desselben Jahres – einstimmig gewählt von Porsche- und VW-Betriebsräten! Viel wichtiger aber war, dass parallel zu diesen Verfahrensfragen das Vertrauen auch in den Sachthemen wuchs. Neue Kompromissmöglichkeiten und Lösungen taten sich auf, und kurz vor Weihnachten 2008 hatten Bernd und ich tatsächlich eine Einigung in allen strittigen Punkten zustande gebracht, die auch von Wiedeking und Härter quergezeichnet wurde. Ich glaube nicht, dass es eine vorweihnachtliche Milde war, die uns zusammenkommen ließ. Beide hatten wir eingesehen, dass wir im Sinne unserer Belegschaften eine Harmonisierung der Situation herbeiführen mussten. Die in der Öffentlichkeit ausgebreitete Schlammschlacht zwischen VW und Porsche musste ein Ende haben. Dazu konnten Bernd und ich wesentlich beitragen. Als Bernd zur konstituierenden Sitzung des neu gewählten SE-Betriebsrats nach Stuttgart kam, war ich erfreut zu sehen, dass wir den Respekt voreinander trotz allem, was gewesen war, nie verloren hatten. Da standen wir zwei Schwergewichte uns also gegenüber und drückten uns die Hände. Jeder so fest er konnte, aber keiner von uns hatte mehr das Gefühl, etwas zu verlieren, wenn er dem anderen nachgeben würde. Wir fanden tatsächlich eine Regelung, die Mitbestimmungsvereinbarung den Bedürfnissen beider Belegschaften anzupassen. Es klingt heute fast pathetisch, aber damit hatten wir den Konflikt zwischen Porsche und VW eigentlich beendet. Die Unterstützung von Berthold Huber und der IG Metall waren dabei genauso förderlich wie der Konsens der Vorstände. Auch im Familienclan zeigte man sich erleichtert über die Einigung.

Ich habe viel gelernt in diesen turbulenten Zeiten. Damals, als wir uns das erste Mal zusammenrauften, wurde mir erst die besondere Ausnahmestellung von VW klar. Ich begriff, dass in Wolfsburg eigene Gesetzmäßigkeiten herrschen, die Teil des Erfolgsrezepts von VW sind. Mir imponieren die großen Potenziale, die in dieser ebenso gewaltigen wie stolzen Belegschaft stecken. Ich sehe für uns bei Porsche interessante Perspektiven mit Bernd Osterloh und seiner Belegschaft, seit wir Weihnachten 2008 unsere Zusammenarbeit begründet haben. Diese starke Partnerschaft für die Kolleginnen und Kollegen beider Unternehmen brauchten wir aber auch. Genauso wie die persönliche Freundschaft zu Bernd und Gunnar Kilian, seinem engsten Vertrauten. Ein Verhältnis, das geholfen hat, alle Stürme, die danach aufkamen, gemeinsam zu überstehen. Und es sollten ja noch einige Stürme kommen, schon gleich im nächsten Jahr.

Es kann auch keinen Zweifel daran geben, dass vieles auf das Konto von Politik und Medien geht. Die politischen Einflüsse waren allgegenwärtig. Die Rolle, die die Politik in dieser Auseinandersetzung spielte – und zwar quer durch die Bank und quer durch die Republik –, war enorm. Natürlich mittendrin Christian Wulff und auch Günther Oettinger, die alten Parteifreunde.

Als die Affäre um unseren Bundespräsidenten Wulff Ende des vergangenen Jahres in die Öffentlichkeit geriet, wurde eine Stimmung erzeugt, die einen sachlichen Umgang mit den Vorwürfen unmöglich werden ließ. Dass Wulff ausgerechnet über die Umstände einer Kreditvergabe stolperte, war für mich eine gewisse Pikanterie der Geschichte. Ich lebe sowieso in dem Gefühl, dass nichts in der Welt vom Zufall bestimmt wird. Christian Wulff hatte in unserer Auseinandersetzung natürlich seine Rolle gespielt, und manches daran empfand ich als absolut nicht in Ordnung. Ich hatte ihn damals im Interesse von Porsche und unserer Belegschaft auch scharf angegriffen. Man erinnere sich nur an sein öffentliches Eintreten gegen die Einräumung eines von der Kreditanstalt für Wiederaufbau in Aussicht stehenden Kredits an Porsche.

Dagegen habe ich mich damals in aller Öffentlichkeit gewehrt, besonders heftig während eines Live-Schaltgesprächs mit Marietta Slomka im *heute journal*. Das ZDF hatte an diesem 15. Juli 2009 Scheinwerfer, Kameras und Satellitenschüsseln vor dem Werkstor in Zuffenhausen aufgebaut. Es wurde ein äußerst emotionales Interview. In der *FAZ* schrieb man anschließend sogar von einem »echten Fernsehmoment«. Frau Slomka sprach die Rolle von Wulff in der Auseinandersetzung zwischen Porsche und VW an, und ich sagte ihr dazu meine Meinung in deutlichen Worten. Sie wollte nun wissen, ob denn auch auf unserer Seite im aktuellen Kesseltreiben die Nerven blank lagen. »Überhaupt nicht«, blaffte ich zurück. »Ich bin ganz locker drauf heute, ich rede immer so. Ich bin ein Kämpfertyp, das wissen Sie. Ich bin öfter auf Demonstrationen, um Menschen zu mehr Lohn und gerechten Arbeitsplätzen zu verhelfen. Ich bin immer so«, rief ich und meine Stimme schwoll an. »Fragen sie meine Frau! In der Früh, abends, nachts, überall, unter der Dusche: Seien Sie nicht erschrocken, so bin ich und so werde ich auch bleiben!« Ich war in voller Fahrt, voller Emotion und Adrenalin, live und vor einem Millionenpublikum. Die vielen Ungerechtigkeiten gegen Porsche ließen mich beben. »Wenn ihr mich erschießen wollt«, rief ich über den Platz in die dunkle Kamera hinein, »dann habe ich damit kein Problem, aber ich will dann einen ehrenhaften Tod haben. Einknicken werde ich nicht, das werde ich nicht zulassen!« Und als Frau Slomka die Schalte mit der üblichen Floskel: »Vielen Dank für das Gespräch« beendete, rutschte mir noch diese kleine

Bemerkung heraus, die mich später sogar in die Feuilletons brachte: »Danke, ganz arg lieb von dir, tschüss« – ein Schuss Heiterkeit in der Schärfe und Bitterkeit des Tages. Neulich habe ich das Interview auf Youtube wiedergesehen. Noch heute sieht man die Angespanntheit des Moments, meine Impulsivität und Entschlossenheit. Aber so bin ich! Wenn es die Sache erfordert, arbeite ich auch gerne mit den Medien. Es ist im besten Fall ein gegenseitiges Geben und Nehmen. Das Kesseltreiben um unseren Bundespräsidenten, den Umgang der Medien mit dem Menschen Christian Wulff, konnte ich allerdings nicht akzeptieren.

Immerhin konnte ich später, nach Wulffs Rücktritt, eine verhaltene Selbstkritik der Medien über ihre Rolle in der Affäre Wulff registrieren und das gefiel mir. Meinen Jungs im Boxring erkläre ich auch immer wieder, dass ein Kampf anständig und fair geführt werden muss, und wenn jemand am Boden liegt, tritt man nicht nach. Wir müssen kämpfen für einen respektvolleren Umgang miteinander! Journalisten tragen ein hohes Maß an Verantwortung und daran muss man sie von Zeit zu Zeit erinnern. Pressefreiheit ist ein hohes Gut in unserer Demokratie, aber auch eine hohe Verantwortung. Darauf sollten wir uns alle häufiger zurückbesinnen – in der Schnelllebigkeit unserer Zeit, im täglichen Kampf um die grellste Schlagzeile natürlich ein schwieriges Unterfangen.

Ich will für eine Kultur des fairen Miteinanders kämpfen und die beiden letzten Jahre unserer Firmengeschichte bestätigten mich in meinem Glauben daran, dass dies möglich ist, selbst in der Welt der großen Konzerne. Ich kann unserem großen Partner in Wolfsburg nur ein Kompliment dafür machen, wie sich unser Umgang miteinander ins Positive entwickelt hat. Kollegial, vertrauensvoll, zukunftsorientiert – das betrifft in erster Linie das Verhältnis zwischen den Belegschaften, zu den Kolleginnen und Kollegen an den vielen VW-Standorten, auch bei Audi in Ingolstadt, Neckarsulm und anderswo, mittlerweile ja auch bei MAN. Die Koordination unserer Aktivitäten auf den verschiedenen Ebenen läuft ganz hervorragend. Das Gleiche gilt für die Chefetage in Wolfsburg, das gute Verhältnis zu Martin Winterkorn, Hans Dieter Pötsch und Horst Neumann.

Bei Wolfgang Porsche war ich mir immer sicher, dass er mit vollem Einsatz für unsere Eigenständigkeit einstand. Ihm, dem das Lebenswerk seines Vaters Ferry Porsche immer sein Ein und Alles war. Uns beide verbindet die Bewunderung für diesen großen Firmengründer, und so wie ich Ferry Porsche in meiner Trauerrede 1998 ins Grab versprochen hatte, immer für Porsches Eigenständigkeit zu kämpfen, so hatte ich auch bei Wolfgang Porsche nie den leisesten Zweifel an seiner Entschlossenheit, darauf zu bestehen, dass Porsche immer Porsche bleiben muss.

Auch die Beziehung zu Ferdinand Piëch ist intakt, vielleicht sogar stärker denn je. Piëch war die Eigenständigkeit von Porsche immer ein Anliegen gewesen, dazu hatte er sich schließlich schon auf einer Hauptversammlung in den neunziger Jahren in aller Öffentlichkeit bekannt. Dass er dazu steht, hat er uns in den letzten Jahren immer wieder zugesichert, auch nach den großen Umbrüchen 2009, als er mir die Eigenständigkeit von Porsche nochmals in die Hand versprochen hat. Er versicherte mir damals, zu keinem Zeitpunkt etwas gegen Porsche gehabt zu haben und wenn ich heute auf die gute und professionelle Arbeit der vergangenen Jahre zurückblicke, kann ich das nur bestätigen.

Und um mit irgendwelchen Zweifeln, die immer mal wieder geäußert werden, aufzuräumen: Die Eigenständigkeit und Sonderstellung von Porsche im neuen Verbund mit VW ist auch in den Verträgen festgeschrieben worden. Das zieht sich wie ein roter Faden durch die letzten Jahre. Von der Grundlagenvereinbarung aus dem Sommer 2009 mit ihren verschiedenen Umsetzungsverträgen bis hinein in die jüngste Zeit: Porsches Eigenständigkeit, die von Anfang an unsere fundamentale Prämisse war und die wir auch über alle Phasen hinweg unbeirrt eingefordert haben, ist anerkannt und dauerhaft gewährleistet. Ich weiß nicht, wie oft ich schon zu diesem Adjektiv in diesem Zusammenhang gegriffen habe, aber ich sage es immer noch voller Begeisterung: Das ist *intergalaktisch!*

Natürlich hat es in den vergangenen Jahren viel Streit und Misstrauen zwischen beiden Unternehmen gegeben. Und dass manche Vorgehensweisen Erfolg haben konnten, ist mir heute noch unbegreiflich. Aber in der schließlich zielorientierten und äußerst professionellen Arbeitsatmosphäre, die wir inzwischen gefunden haben, sollte man manches, was damals absolut nicht gerade war, heute gerade sein lassen. Denn durch den heute erreichten Zusammenschluss mit VW bieten sich Porsche fantastische Zukunftschancen, und diese Chancen muss unser Vorstand nutzen. Die Synergie aus unserer Eigenständigkeit, unseren ganz besonderen und ganz eigenen Stärken bei Porsche und den Potenzialen des Gesamtkonzerns, ist die Zukunft des Unternehmens und seiner Belegschaft.

Wenn man mich heute, nachdem sich der Pulverdampf gelegt hat, nach einem Fazit der vergangenen Jahre fragt: Es kann sehr zufrieden ausfallen. Die Vision, die wir bei Porsche vor Augen hatten, ist eingetreten. Sie kam von heftigen Geburtsschmerzen begleitet, aber sie kam: die Zukunftssicherung des einzigartigen Sportwagenherstellers aus Zuffenhausen im Verbund mit Volkswagen, ohne dass

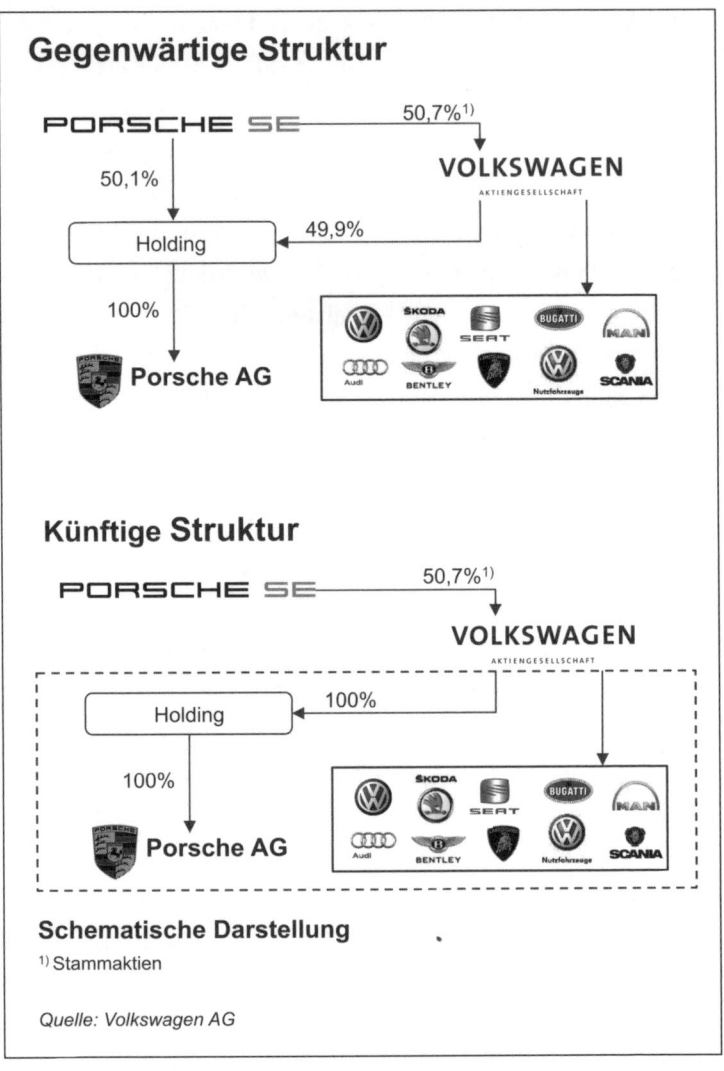

Gegenwärtige Struktur

PORSCHE SE — 50,7%[1])

50,1%

VOLKSWAGEN
AKTIENGESELLSCHAFT

Holding ← 49,9%

100%

Porsche AG

Künftige Struktur

PORSCHE SE — 50,7%[1])

VOLKSWAGEN
AKTIENGESELLSCHAFT

Holding ← 100%

100%

Porsche AG

Schematische Darstellung
[1]) Stammaktien

Quelle: Volkswagen AG

wir unsere Sonderstellung eingebüßt haben. Eines ist klar:
Das Trikot schwitzt nicht von alleine und wir haben manches
Trikot durchgeschwitzt. Aber Einsatz und Kampf haben sich
gelohnt! Die Absicherung von Porsche für die Zukunft, das
haben wir – die Menschen bei Porsche –, das hat diese inter-

galaktische Belegschaft geschafft! Die oben gezeigte Grafik verdeutlicht die neue Transaktionsstruktur unter dem großen Dach.

Unsere Pressemitteilung erläutert diese bisher einmaligen Strukturen:

»Wir haben an Stelle der Verschmelzung von Porsche SE und Volkswagen eine neue Transaktionsstruktur zur Schaffung des Integrierten Automobilkonzerns gemeinsam beschlossen. Wir sind nun EIN Konzern. Der für alle schwierige Schwebezustand ist beendet, der Integrierte Automobilkonzern ist endlich geschaffen und wir können die riesigen Vorteile aus dem Gesamtkonzern für Porsche nutzen – und ebenso umgekehrt.

Für diese neue Transaktionsstruktur wurde eine eigene Governance festgelegt, die der besonderen Rolle von Porsche im Gesamtkonzern gerecht wird und die die Eigenständigkeit von Porsche nochmals vertraglich festschreibt. Auch weiterhin bleibt Porsche als Aktiengesellschaft mit Sitz in Stuttgart-Zuffenhausen in allen Bereichen eigenständig – mit eigenständiger Entwicklung, eigenständiger Produktion und eigenständiger Vertriebsstruktur. Damit wird die Einzigartigkeit unserer Marke und unserer begeisternden Produkte sichergestellt. Der Mythos Porsche lebt weiter.

Diese Eigenständigkeit wird durch einen neuen, fakultativen Aufsichtsrat weiter abgesichert. Dieser Aufsichtsrat ist paritätisch mitbestimmt und wird auf Ebene der neuen Porsche (Zwischen-)Holding zwischen Volkswagen und der Porsche AG installiert. Insbesondere Entscheidungen in Bezug auf die Verlegung, Einschränkung und Stilllegung von Unternehmen, Betrieben oder wesentlichen Betriebsteilen sowie auf die Verlagerung der Produktion fallen in die Zuständigkeit des neuen fakultativen Aufsichtsrats. Ungeachtet dessen bleibt die Struktur der Porsche AG mit ihren Tochterunternehmen als Konzern im Konzern in seiner heutigen Form bestehen. Der Aufsichtsrat der Porsche AG und die Porsche-Betriebsratsgremien bleiben in ihrer Tätigkeit und in ihrer vollen Verantwortung unberührt. Die Vorteile aus dem Gesamtkonzern ergänzt um die Vorteile durch unsere Eigenständigkeit sind für Porsche eine großartige Basis für eine erfolgreiche Zukunft. Wir sind sehr froh, diese Lösung, von der alle profitieren werden, beschlossen zu haben. Porsche bleibt Porsche und Volkswagen bleibt Volkswagen.«

Kapitel 7

Politische Freunde

Politische Freunde Als Vorsitzender des Konzernbetriebsrats und stellvertretender Vorsitzender des Aufsichtsrats habe ich eine Menge Politiker kennengelernt. Ich habe mit ihnen gegessen, gefeiert, diskutiert und gestritten. Ich war auf ihren Bällen, ich habe sie im Wahlkampf unterstützt und viele ihrer Ideen mitgetragen. Für einige unserer Volksvertreter habe ich gekämpft, andere für ihre Verantwortungslosigkeit verachtet. Im Lauf der Jahre sind mir immer wieder Politiker begegnet, bei denen ich mich nicht gewundert habe, warum sie keine besser bezahlten Jobs in der Wirtschaft bekommen haben. Sie waren zu schlecht und nicht alle saßen auf den Hinterbänken ihrer Fraktionen. Sie wären im Wettbewerb der freien Wirtschaft untergegangen und haben die politische Laufbahn mit geregelten Diäten und gesicherter Altersversorgung vorgezogen.

Ich bin weit davon entfernt, eine für Deutschland so typische Neiddebatte gegen Spitzenverdiener entfachen zu wollen, wenn ich jedoch die in schöner Regelmäßigkeit steigenden Bezüge unserer politischen Klasse betrachte, kann ich den Unmut vieler Bürger verstehen. Ich habe nichts gegen hohe Gehälter, im Gegenteil. Als vor ein paar Jahren die Bezüge von Dr. Wiedeking an die Öffentlichkeit gerieten, war ich der Erste, der die – zugegebenermaßen stattliche – Summe von circa 50 Millionen Euro für Deutschlands erfolgreichsten Manager verteidigte. Der Mann hatte Porsche immerhin vor der Pleite gerettet und zum profitabelsten Sportwagenhersteller weltweit gemacht. Ich habe immer hohe Gehälter für unsere Wirtschaftsführer gefordert, solange sie unternehmerischen Erfolg und soziale Kompetenz einbrachten. Die Pensionen der Politiker aber konnte ich nie verstehen, denn ihre Höhe ist nicht vermittelbar und das trägt nicht gerade zu einer gesunden politischen Kultur in diesem Land bei. Im

Oktober 2009, als Entwicklungshilfeministerin Heidemarie Wieczorek-Zeul und Gesundheitsministerin Ulla Schmidt in den Ruhestand verabschiedet wurden, machten ein paar Zeitungen die Altersbezüge der Damen zu einem öffentlichen Thema, das auch den Bund der Steuerzahler beschäftigte. Bis zu ihrem Tod kann sich Ulla Schmidt über eine monatliche Pension von 8410 Euro freuen, die sieben Jahre ältere Kollegin aus Hessen sogar über 9430 Euro. Wenn ich mir die Einsatzbereitschaft vieler CDU-Politiker vergegenwärtige, wie sie nicht nur die Pensionen sondern auch deren Erhöhungen immer wieder verteidigen, wird mir klar, dass das Problem dicker Pensionen auch in der CDU zu Hause ist. Dass Bundesminister im Lauf ihrer Amtszeit nicht in die Altersversorgung einzahlen müssen, ist eine oft übersehene Randnotiz. Ich gönne jedem Politiker einen sorgenfreien Lebensabend, doch der Vergleich mit den Altersbezügen eines Bürgers verrät soziale Ungerechtigkeit. Ein Angestellter, der 45 Versicherungsjahre lang durchschnittlich verdient hat, kommt auf eine monatliche Rente von 1175 Euro. Ein Bundesminister aber erhält schon nach einer Amtszeit von zwei Jahren eine garantierte Pension von fast 2000 Euro und hat dafür keinen Cent in die Versicherungskasse eingezahlt! Wenn wir die durchschnittliche Lebenserwartung für Frauen einer statistischen Berechnung der Kosten für den Steuerzahler zugrunde legen, dann dürfte das Gesamtvolumen der Altersversorgung der beiden Ministerinnen bei circa 5,3 Millionen Euro liegen. Als ich 2007 die Zahlen des Bundeshaushalts in die Hände bekam, fielen mir besonders die Ausgaben für die Altersversorgung der Bundestagsabgeordneten auf: Sie lagen mit 31,5 Millionen um 70 Prozent höher als 10 Jahre zuvor. Auch auf die Gefahr hin, ein paar populistische Gedanken in eine alte Debatte einzubringen: Wie soll ich meinen Kolleginnen und

Kollegen erklären, warum die Abgeordnetenpensionen seit dem Jahr 2000 um 6,5 Prozent gestiegen sind, während die Bezüge für Neurentner im selben Zeitraum um fast 15 Prozent gefallen sind? Auf der einen Seite ist die Politikverdrossenheit ein großes Thema dieses Jahrtausends, die manche Politikwissenschaftler schon von einer »Untertanenkultur« in Deutschland sprechen lässt. Auf der anderen Seite sorgen Politiker wie der ehemalige Finanzminister Hans Eichel, der vor dem Bundesverwaltungsgericht eine zusätzliche Pension aus seiner Zeit als Oberbürgermeister von Kassel einklagen wollte, für noch mehr Ablehnung und Unverständnis. Ist es denn nicht schon schlimm genug, dass in den Medien immer wieder von der »Selbstversorgung unserer Politiker« die Rede ist? Da versuchte Hans Eichel allen Ernstes, auch noch eine Überversorgung zu erstreiten: 14 500 statt etwa 8 200 Euro pro Monat. Es waren formaljuristische Gründe, die die Richter in Leipzig zu einer Abweisung dieser Klage veranlassten. In der Öffentlichkeit aber kam das als eine Entscheidung im Namen des Volkes an. Ich habe Hans Eichel als einen dieser Volksvertreter kennengelernt, die sich vom Volk entfernt haben.

Deutschland braucht nichts weniger als eine Neiddebatte, aber es ist höchste Zeit, die bestehenden Verhältnisse zu korrigieren. Warum nicht weg mit den Pfründen und Privilegien der Vergangenheit? Warum nicht erfolgsabhängige Managergehälter für Politiker? Ich plädiere für eine deutlich höhere Bezahlung unserer politischen Klasse, gerade um fähige und engagierte Menschen in der Politik zu halten. Ich wünsche mir qualifizierte Politiker, die dem Lockruf der Wirtschaft widerstehen können, weil sie auch in der Politik angemessen bezahlt werden. Ich plädiere aber für eine eigenverantwortliche Altersversorgung der Volksvertreter statt satter Ruhepolster für Politpensionäre – der Staat würde sparen und wir alle wahrscheinlich profitieren von einer höheren Qualität der Politiker. Die junge Generation soll nicht eines Tages von dieser Last erdrückt werden. Wann immer ich Gelegenheit habe, mich mit politischen Freunden oder Gegnern auszutauschen, bekommen sie diese Meinung von mir zu hören. Merkwürdigerweise habe ich jedes Mal das Gefühl, verstanden zu werden. Meine Hoffnung allerdings, in absehbarer Zeit eine Reform der Politikerpensionen zu erleben, ist eher gering. Aus Kreisen meiner jüngeren Parteifreunde in der SPD aber ist in letzter Zeit immer häufiger zu hören, dass Pensionen kein Tabu bleiben dürfen. Immer häufiger höre ich von Politikern, die bereit sind, etwas abzugeben. Ich habe einen festen Glauben an unsere Sozialsysteme. Die Sozialversicherungssysteme sind die Grundpfeiler unserer sozialen Demokratie. Die Pensionsrückstellung dagegen ist eine tickende Zeitbombe. Meine Generation wird die Explosion dieser Bombe höchstwahrscheinlich nicht mehr erleben, aber wir geben die Probleme ungelöst an unsere Kinder und Kindeskinder weiter. Wenn wir der nächsten Generation diese Hypothek ersparen wollen, müssen wir jetzt handeln.

Auch über meine Bezüge ist in der Öffentlichkeit schon viel geredet worden und nicht immer ist es dabei sachlich zugegangen. Natürlich kann ich mich heute zu den sogenannten Besserverdienern zählen und ich schäme mich nicht meiner Einkünfte. Es wäre schon verwunderlich, wenn ich bei meinem Gehalt als Lackierer stehen geblieben wäre, denn ich habe mich weitergebildet und trage heute eine große Verantwortung für unsere Belegschaft. Trotzdem gibt es immer wieder Journalisten, die meine Einkünfte hinterfragen. Natürlich auch der Herr von der *FAZ*, der mich schon als »Wiedekings willigen Helfer« diffamiert hatte. Mir ist bewusst, dass ich nicht ins Klischeebild eines Betriebsratsvorsitzenden passe, weil ich einen geleasten Porsche fahre, über einen Dienstwagen verfüge und dunkle Dreiteiler trage. Aber muss ich deshalb auch Fragen nach der Höhe meines Gehaltes beantworten? Muss deshalb spekuliert werden, wer denn nun der besserverdienende Betriebsrat in Deutschland ist, Hück bei Porsche oder Osterloh bei VW? Vor ein paar Jahren noch bin ich naiver gewesen im Umgang mit den Medien, doch ich habe schnell gelernt und inzwischen kann ich viele Journalisten sogar verstehen. Heute weiß ich aus eigener Erfahrung, dass sich die Spekulationen um Spitzengehälter von sogenannten Gewerkschaftsbonzen in den Medien besser verkaufen lassen als die kleinen, alltäglichen Wohltätigkeiten.

Vor ein paar Jahren sprach mich einmal eine Frau an, die als alleinerziehende Mutter nicht mehr über die Runden kam, seit sie von Hartz IV leben musste. Ich hätte ihr den Hintergrund der neuen Sozialgesetze erklären können, doch ihr persönliches Schicksal blieb auch mir schleierhaft. Warum bekam diese Frau trotz ihrer erwiesenen Bedürftigkeit jetzt weniger Unterstützung, während ich als Besserverdiener Kindergeld bezog, das ich gar nicht brauchte? Mir fehlten die Worte und ich beschloss stattdessen eine kleine, unbürokratische Umverteilung. Seitdem bekommt die Frau monatlich 184 Euro von mir. Geld, das sie so dringend braucht und das ihr der Staat versagt.

Ob Gehälter, Pensionen oder einfach nur Kindergeld: Ich wünsche mir, die Medien würden einmal abseits der großen publicityträchtigen Spendengalas eine Kampagne starten, die die Besserverdienenden in diesem Land animiert, etwas von ihrem Wohlstand abzugeben. Konkret: Jeder in unserem Land, der mehr als 120 000 Euro im Jahr verdient, sollte monatlich 184 Euro an ein bedürftiges Kind spenden. Sie kennen kein armes Kind? Der Kinderschutzbund hat in seinem vor Weihnachten 2011 veröffentlichten Bericht festgestellt, dass in Deutschland 2,5 Millionen Kinder in Einkommensarmut leben müssen, 18,7 Prozent aller Personen unter 20 Jahren! Werden diese Kinder soziale Gerechtigkeit und Chancengleichheit haben, wenn es um Bildung und Zukunft geht? Sieht denn niemand den Zusammenhang zwischen dem Boom der Billiglöhne und dem Entstehen einer »Generation Frust« in der Industrienation Deutschland? Kinderarmut ist ein Armutszeugnis für uns alle!

1982 beschloss ich, der SPD beizutreten. Eine andere Partei wäre für mich nie infrage gekommen, auch die FDP nicht, die ja damals noch Partnerin in der sozialliberalen Koalition war. Wann immer ich Herbert Wehner, Willy Brandt und Helmut Schmidt im Fernsehen erlebte, hatte ich das Gefühl, Vorbilder zu sehen. Mir imponierte, wie sie ihre politischen Gegner allein mit der Schärfe ihrer Worte besiegten. Die Größe des damaligen Bundeskanzlers Willy Brandt, bei der Kranzniederlegung vor dem Ehrenmal der Helden des Ghettos von Warschau in die Knie zu gehen, hat mich geprägt. Dieses Bild der Demut, diese spontane Geste als Bitte um Versöhnung des polnischen mit dem deutschen Volk verursacht mir heute, 42 Jahre danach, noch immer eine Gänsehaut. Dieser gute Mensch Brandt, der bei den Gräueltaten in Polen nicht dabei gewesen war, kniete für seine Landsleute nieder, die schuldig waren. Tauwetter mitten im Kalten Krieg, eine Geste, deren Bedeutung und Tragweite erst Jahre später deutlich werden sollte. Manchmal frage ich mich, ob der Fall der Mauer und der Zusammenbruch des Ostblocks auch so gekommen wären, wenn Brandt damals in Warschau stehengeblieben wäre und das Protokoll seines Besuchs routinemäßig erledigt hätte.

Brandt, Wehner, Schmidt: Ich wollte ihr Genosse sein und ich kann mich noch gut daran erinnern, wie stolz ich mich fühlte, als ich dieser Partei beitrat. Fast so stolz wie auf mein erstes Auto, das ich mir 1982, als 20-Jähriger, leisten konnte: ein knallroter Audi 80.

Meine anfängliche Begeisterung für die führenden Köpfe der SPD flaute in den Jahren danach allerdings stetig ab, bis Gerhard Schröder kam. Ein Bundesvorsitzender, wie ihn die dahindümpelnde Partei dringend gebraucht hatte; ein Bundeskanzler, der dieses Land verändert hat. Zum ersten Mal seit 1972 war die SPD wieder stärkste Kraft in Deutschland und dieser Mann imponierte mir. Kennenlernen durfte ich ihn erst Jahre später. Ich hatte ihn 2004 zu einer Betriebsversammlung bei Porsche eingeladen. Ein Jahr später, im Juni 2005 kam er endlich. Es ging damals um die Sicherung der Standorte Zuffenhausen, Ludwigsburg und Weissach und wir verhandelten ein Nachfolgemodell der alten, erfolgreichen Regelung. Ziel dieser Standortsicherungsvereinbarung war es, die Beschäftigung der Stammbelegschaft durch eine weitere Flexibilisierung der Arbeitszeiten und eine Erhöhung der Produktivität bis 2010 zu gewährleisten. Der Bundeskanzler, der sich in der Öffentlichkeit schon den Beinamen »Autokanzler« erworben hatte, zeigte sich beeindruckt von uns. »Porsche beweist, dass man als deutsches Unternehmen äußerst erfolgreich im internationalen Wettbewerb bestehen kann. Das Geheimnis des Erfolgs sind die traumhaften Fahrzeuge und eine beispielhafte Kultur des Miteinanders zwischen Arbeitgeber und Arbeitnehmern«.

Der Redebeitrag des Kanzlers hatte eine starke Wirkung auf die anwesende Belegschaft, das bewies allein der kräftige Applaus meiner Kolleginnen und Kollegen. 1600 Porscheaner wollten den Kanzler im Casino von Werk 2 live erleben. Noch waren die neuen Verträge nicht in trockenen Tüchern, aber ich wollte die Gelegenheit nicht verstreichen lassen, den Kanzler mit einer kurzen Spontanrede zu beeindrucken. »Wir haben hart gekämpft und es wurde uns nichts geschenkt«, legte ich los. »Aber so viel kann ich Ihnen heute schon sagen: Es besteht zwischenzeitlich Einigkeit, dass wir die Standortsicherungsvereinbarung schon in kurzer Zeit unter Dach und Fach haben werden. Wir sind dabei auf einem ganz, ganz guten Weg. Und was wir jetzt schon erreicht haben, ist einfach hervorragend und dabei meine ich nicht nur die Jobgarantie bis zum Jahr 2010. Wo, bitte, gibt es das noch in diesen lausigen Zeiten?« Ich erklärte noch rasch die Vorzüge der alten Regelung, die eine Woche später ablaufen würde und als deren Folge alle Auszubildenden unbefristet in ein Arbeitsverhältnis übernommen wurden. Die neue Standortsicherung sollte Zuffenhausen stärken, damit auch in Zukunft die Produktion sämtlicher Motoren hier erfolgen konnte, beim 911er sogar die Gesamtproduktion. Dann holte ich zum Finale aus: »Zukunft können wir nur gestalten, wenn Arbeitgeber, Arbeitnehmervertreter und IG Metall an einem Tisch sitzen. Es kann in niemandes Interesse liegen, dass die Beschäftigten zum Spielball der Kapitalmärkte werden!« Drei Jahre, bevor die Lehmann Brothers der Finanzwelt einen Schuldenberg von 200 Milliarden Euro bescherten, malte ich schon ein Bild der Fratze des Finanzkapitalismus. Die heile Welt von Zuffenhausen war ständig in Gefahr!

Jetzt klatschte auch der Bundeskanzler. Später sagte er mir einmal, dass es ihm gut gefallen habe bei Porsche, vor allem die Entschlossenheit unserer stolzen Belegschaft habe ihn beeindruckt. Wie die Menschen hinter Produkten standen, die sich die meisten von ihnen nie würden leisten können. Wie sie die Philosophie teilten, nicht die preisgünstigsten Autos zu bauen, aber die besten. Dass er sogar von einem »Modellfall für Deutschland« sprach, machte alle im Casino besonders stolz. Für uns bei Porsche stand die soziale Komponente immer im Mittelpunkt. Gewinne erwirtschaften ist wichtig, aber die soziale Balance zwischen Kapital und Interessen der Arbeitnehmer muss gewährleistet sein. Beide Parteien müssen sich auf Augenhöhe begegnen. Gerhard Schröder erlebte Porsche von seiner besten Seite und es muss ihm damals so gut gefallen haben, dass er länger blieb, als es die Agenda vorsah. Um 16:52 Uhr sollte er nach Aachen aufbrechen, um dort EU-Kommissionspräsident José Manuel Barroso zu treffen. Er blieb fast eine ganze Stunde länger und ich nutzte diese Extrazeit. Das »Du« hatte er mir schon zu Beginn unserer Veranstaltung angeboten – vielleicht ahnte er die Gefahr, dass ich ihm das Du sowieso bald angeboten hätte. Jetzt, kurz vor seinem Abschied, nahm ich den Bundeskanzler zur Seite. »Gerhard, solltest du mich im Wahlkampf brauchen – ich bin bereit!« Ein kurzer Satz, ein Händedruck zum Abschied, ich stand im Wahlkampfteam 2005, Genosse Hück ging auf Tour. Ich mochte Gerhard Schröder schon lange, bevor ich ihn persönlich kennenlernte. Ich hatte immer ein Faible für Menschen, die bereit waren zu kämpfen und Schröder war ein großer Kämpfer. Anders als seine spätere Herausforderin Angela Merkel, die in meinen Augen zu wenig eigenes Profil besaß und nur allzu gerne den Kopf drehte, um zu spüren, woher der Wind wehte. Schröder ging den harten Weg, er verzichtete auf frisierte Statistiken und geschönte Bilanzen. Deutschland würde schmerzhafte Einschnitte machen müssen und der Kanzler schreckte nicht vor düsteren Prognosen zurück. Realistische Einschätzung der Zukunft statt weichgezeichneter Deutschlandidylle, kantige, aber ehrliche Worte statt Schönrednerei. Sein als »Kanzler der Einheit« von vielen Bürgern verklärter Vorgänger Helmut Kohl, der das Bild der blühenden Landschaften malte und dabei schon tief im Morast steckte, hatte das Zusammenwachsen von Ost und West falsch finanziert. Die Einheit hätte auf anderen Säulen stehen und solider finanziert werden müssen, doch dieses Thema schien im letzten Jahrzehnt des vergangenen Jahrtausends auf dem Index öffentlicher Diskussionen zu stehen. Die hehren Ideale der deutschen Einheit, die ich bis heute teile, standen im Vordergrund, nicht die Frage, wie das alles überhaupt zu finanzieren sein soll. Und es sollte schnell gehen, zu schnell. Der Staat betrieb eine systematische Neuverschuldung, das Haushaltsdefizit, das 1989 noch bei 28 Milliarden gelegen hatte, betrug 1993 bereits 154 Milliarden Euro. Mit diesen Altlasten wurde Gerhard Schröder konfrontiert, als er 1998 zum Bundeskanzler gewählt wurde. Der dritte Kanzler der SPD nach Brandt und Schmidt trat ein schwieriges Erbe an. Mir hat immer imponiert, wie er bedingungslos für seine unpopulären Ideen eingestanden hat, wie er gekämpft hat für seine Agenda 2010 und notfalls auch bereit war, im Falle eines Scheiterns zurückzutreten. Schröder wusste, dass wir ans Eingemachte gehen mussten, um den Staat weiter finanzieren zu können.

Viele meiner Freunde in den Gewerkschaften und vor allem die Linken in der SPD beklagten dagegen einen Sozialabbau. Mit Hartz I begann die umstrittene Reform des Arbeitsmarktes. Ich glaubte damals an den Erfolg dieses Pakets, auch wenn es für viele schmerzhafte Einschnitte bedeutete, doch ich geriet immer häufiger zwischen alle Stühle. Auf der einen Seite war ich seit über 20 Jahren stolzer Sozialdemokrat, auf der anderen aber auch engagierter und überzeugter Gewerkschafter. Aus dem Lager der IG Metall wurde die Kritik an Schröders Kurs lauter und mir gefiel dieser Schlingerkurs nicht. Da forderte die Gewerkschaft ein Arbeitnehmerbegehren und sammelte Unterschriften gegen die Arbeitsmarktreformen, stimmte aber andererseits einer Verlängerung der Arbeitszeit ohne Lohnausgleich bei Siemens zu. Die IG Metall bekam auf ihrem Kurs bald Unterstützung aus dem Saarland. Oskar Lafontaine nutzte die Debatte zu seiner gewohnt populistischen Selbstinszenierung und torpedierte die Reformpolitik als Kahlschlag des Sozialstaates. Vorsorglich entwarf er schon mal das Szenario einer neuen Partei, die ihre Klientel aus dem linken Lager der SPD rekrutieren würde. Kein Wort davon, dass Schröder das Arbeitnehmerentsendegesetz auf alle Branchen ausweiten wollte und für einen gesetzlichen Mindestlohn in den Bereichen eintrat, in denen es keine Tarifstruktur gab. Kein Wort vom Kampf gegen die Billiglohnkonkurrenz aus dem Ausland, stattdessen immer wieder dieses destruktive Argument vom sozialen Kahlschlag. Schröders Politik setzte auf die Vernunft der Bürger, doch wer war zu dieser Zeit schon bereit, aus der sozialen Hängematte aufzustehen und auf gewohnte Sozialleistungen zu verzichten? Schröder hatte gehofft, den Menschen klarmachen zu können, dass sie nicht länger über ihre Verhältnisse leben durften. Der Staat konnte nur ausgeben, was vorher eingenommen wurde, doch Deutschland hatte sich ans Schuldenmachen gewöhnt. Das Wahlprogramm der SPD rückte aber nicht nur die Notwendigkeit der Reformen des Sozialstaats in den Mittelpunkt, im Gegensatz zu den anderen Parteien fand ich hier auch Begriffe wie Tarifautonomie und Mitbestimmung wieder, meine Themen! Die FDP und ihr Neoliberalismus warfen sich unverhohlen in die Arme des Finanzkapitalismus, als würden die Börsen zukunftsfähige Arbeitsplätze gestalten. Aktionärskapitalis-

mus und Shareholder Value, in dem Menschen nur Kosten-
faktoren sind, hatten die Liberalen vor ihren Karren gespannt.
Mich empörte geradezu, wie diese Partei, der die Errungenschaften des Sozialstaats mehr Hindernis als Verpflichtung
waren, in den letzten Umfragen im August 2005 bei 10 Prozent der Wählerstimmen lag. Guidomobil, sinnleere Phrasen,
Politik als Popkultur, Anbiederung an Jungwähler – einen
oberflächlicheren Wahlkampf hatte ich in Deutschland noch
nicht erlebt! Die notwendigen Reformen der Sozialversicherungssysteme ließ die FDP in ihrem Wahlprogramm aus – es
war kein Thema, mit dem sie punkten konnte.

Gerhard Schröder war ein ehrlicher Kanzler und deshalb
betrachtete ich es als eine Ehre, 2005 für ihn zu kämpfen.
Zunächst waren es die lokalen Wahlkampftermine in Bay-
ern und Baden-Württemberg, bei denen ich auftrat. Meine
hemdsärmelige, offene und emotionale Art kam gut an.
Mein neuer Freund Gerhard und seine Strategen hatten sehr
bald festgestellt, dass der Saal kochte, wenn ich erst mal hin-
langte. Von meinem Vorbild Herbert Wehner hatte ich gelernt, meine Stimme wie eine Waffe einzusetzen. Für Schröder, den Star jedes Wahlkampfauftritts, erwies es sich als
angenehmer, in eine vorgewärmte Atmosphäre zu kommen,
also wurde ich als sein Vorredner bestimmt.

Am 31. August, es waren keine drei Wochen mehr bis zur
Bundestagswahl, kam mein Auftritt beim Sonderparteitag in
Berlin. Diese Sonderparteitage werden normalerweise immer
veranstaltet, wenn Köpfe rollen sollen, wie mir Sigmar Gabriel erst sieben Jahre später in der Festrede anlässlich meines
50. Geburtstags mit feierlicher Ironie mitteilte. Tatsächlich
aber befand sich die SPD 2005 in einer Lethargie, die mich
erschreckte. Ich war am Nachmittag an der Reihe und alles,
was ich bis dahin an Redebeiträgen verfolgt hatte, bestärkte

mich in meiner Meinung: Diese Partei brauchte einen lauten Weckruf und zwar dringend. In meiner Einschätzung der Wahlkampfstrategie hatte ich gehofft, die Partei setze auf eine Polarisierung, auf Attacken gegen die CDU, auf Angela Merkel und diesen an Opportunismus nicht mehr zu überbietenden Guido Westerwelle. Doch dieser Parteitag bestätigte mal wieder mein Bild von der SPD als Kanzlei: zu viele Anwälte, zu wenig Arbeiter. Ich ging auf die Bühne und war bereit, jedem Delegierten und Gast in diesem riesigen Saal eines Berliner Hotels zu beweisen, warum man mich in meiner schwäbischen Heimat auch die »Schwertgosch« nennt. Ich brauchte acht bis zehn Sätze, um mich an das Scheinwerferlicht und die neue Perspektive aus meiner erhöhten Rednerposition zu gewöhnen, dann legte ich los. »Wer den Sozialstaat infrage stellt, der stellt die Demokratie infrage«, schrie ich. Meine Gesichtsfarbe und Stimmlage gerieten in den roten Bereich. Volle Drehzahl, der Saal geriet in Bewegung. Ich wechselte das Thema und dankte dem Bundeskanzler für seine Haltung im Irak-Krieg: »Wenn die anderen an der Regierung gewesen wären, wären jede Woche Särge mit deutschen Soldaten zurückgekommen!« Tosender Beifall, ein Seitenblick auf das Präsidium, ich sah Müntefering nicken, der Kanzler schickte einen zustimmenden Blick zu mir hoch. Mein Vorteil gegenüber den Berufspolitikern war meine Position auf diesem Parteitag. Ich konnte es mir leisten, direkter und manchmal sogar polemischer zu sein. Ich war auf Kurs und ich bereicherte meine Rede, die von den meisten Delegierten später als fulminant bezeichnet wurde, mit einer Pointe. Es war der Spruch, der am nächsten Tag in fast allen großen Zeitungen zitiert wurde und mit dem ich es sogar zu Stefan Raabs *TV Total* brachte. Mich störten diese permanent schlechten Umfragewerte für die SPD, die täglich lanciert wurden und auch hier auf dem Sonderparteitag schon spürbar für Mutlosigkeit bei vielen Delegierten sorgten. »Liebe Genossinnen und Genossen, da wir jetzt einen deutschen Papst haben, habe ich gestern den Herrgott gefragt, ob wir noch gewinnen können. Und er antwortete mir: Mein Sohn, warum zweifelst du?« Das anfängliche Raunen im Saal ging in Gelächter über, dann in einen tosenden Applaus. Meine emotionale, aus dem Bauch heraus gebrüllte Rede war in den Herzen der Zuhörer angekommen und ich wurde gefeiert für meine aufrüttelnden Worte. Ich erntete sehr viel positive Resonanz, besonders in Erinnerung aber ist mir dieser eine Satz von Parteichef Franz Müntefering geblieben: »Wenn du noch zehn Minuten weitergemacht hättest, hätten sie dich zum neuen Parteivorsitzenden gewählt!«

Nicht weniger stolz machte mich ein paar Monate später eine Studie des Centrums für angewandte Politikforschung der Universität München, in der mir bescheinigt wurde, den Sonderparteitag der SPD zu einem besonderen Tag gemacht zu haben. »Dass die Dramaturgie eines solchen professionell aufgeplanten Ereignisses nicht bis ins letzte Detail steuerbar ist, hat sich auch dieses Mal bestätigt. Eine einzelne Rede kann die Stimmung unter den Delegierten umdrehen, so wie der begeistert aufgenommene Beitrag des Porsche-Betriebsratsvorsitzenden Hück. Aber auch der Kanzler überraschte die Beobachter mit seiner kämpferischen Rede. Der Applaus für den Redner ist jedoch ein flüchtiger Stimmungsindikator. Die Wahlkämpfer mögen fürs erste neuen Mut geschöpft haben, aber das Strategiedilemma bleibt ungelöst: Wie kann die Popularität von Schröder in Unterstützung für die SPD umgemünzt werden?«

Diese Frage der Wissenschaftler wurde am 18. September 2005 beantwortet, knapp aber ernüchternd. Der große Kampf von Gerhard Schröder nach sieben Jahren an der Macht war vorbei. Nach der knappen Niederlage bei den vorgezogenen Bundestagwahlen gab der Bundeskanzler am 11. Oktober bekannt, einer neuen Regierung nicht mehr angehören zu wollen. Schröders Ende war der Beginn der Ära Merkel, eine Zeit, mit der ich wenig Positives verbinde. Meinem Ausflug in die Politik verdankte ich viele wichtige Erfahrungen, doch er war fürs erste beendet. Geblieben ist meine Freundschaft zu Gerhard Schröder, was mich jedoch ein Jahr später nicht daran hinderte, den Altkanzler scharf zu kritisieren. In seiner Aufarbeitung der vorgezogenen Bundestagswahl hatte Gerhard die Gewerkschaften als eine der Ursachen für das Scheitern von Rot-Grün ausgemacht und damit eine Tradition der SPD aufleben lassen. Schon die Niederlagen von Willy Brandt und Helmut Schmidt waren den Gewerkschaften zugeschrieben worden, damals wie heute ein eklatanter Fehler. Schon ein Jahr nach dem Scheitern veröffentlichte Schröder seine Autobiografie und zeigte sich darin nicht immer als fairer Verlierer. Er teilte vor allem gegen DGB-Chef Michael Sommer, IG Metall-Chef Jürgen Peters und ver.di-Chef Frank Bsirske aus. Von einem durch diese Gewerkschaftsführer systematisch herbeigeführten Sturz seiner Person schrieb mein Freund Gerhard in seinen umstrittenen Memoiren. Es passt überhaupt nicht in das Bild des Realisten Schröder, aber ich glaube, er hat in diesem Moment die Vergangenheit verklärt, um die Gegenwart erträglicher zu machen.

»Vergangenheit malt mit goldenem Pinsel«, lautet ein Sprichwort in der Heimat meiner Frau. Natürlich hatte es einen Linksruck in den Gewerkschaften gegeben, viele Funktionäre machten keinen Hehl aus ihrer Einschätzung, bei Gysi und Lafontaine besser aufgehoben zu sein. Opel-Betriebsrat Rainer Einenkel und viele andere prominente Gewerkschafter hatten den Aufruf »Wir wählen links« unterschrieben und damit eine Richtung weg von Schröder vorgegeben. Trotzdem konnte sich die SPD im Wahlkampf 2005 immer einer breiten Unterstützung durch die Gewerkschaften sicher sein und deshalb hielt ich Schröders Einlassung für falsch. »Das finde ich nicht gut, ich weiß nicht, was er damit bezweckt«, sagte ich im *Morgenmagazin* des ZDF. Unter Freunden musste diese Kritik erlaubt sein. Heute hat Schröder längst eingesehen, dass er damals mit seiner Gewerkschaftsschelte überzogen hat. Auch, dass er am Wahlabend nicht den besten Eindruck hinterlassen hat, als er Angela Merkel im Fernsehstudio attackierte und brüskierte. Es war kein gutes Ende. Die sieben Jahre von Gerhard Schröder als Bundeskanzler sind bei mir dennoch in guter Erinnerung geblieben, nicht nur weil ich zum erlauchten Kreis der *frogs* gehörte, den *friends of Gerhard Schröder*. Ein Journalist, der während des gemeinsamen Wahlkampfs über diese Freundschaft schrieb, mutmaßte in seinem Artikel, dass es eine Seelenverwandtschaft zwischen Schröder und Hück geben müsse, weil wir beide ohne Vater aufgewachsen sind. Wir haben nie darüber gesprochen, aber ich glaube, dass uns die Kindheit ohne Vater zu härteren Kämpfern gemacht hat, wenn auch heute an ganz verschiedenen Orten.

Ich hatte in der Zeit nach 2005 oft überlegt, ob ich mich nicht ganz auf die Politik konzentrieren sollte, an Ermunterungen aus Berlin hat es nie gefehlt. Wann immer ich aber meine Freunde in der Porsche-Belegschaft in meine Pläne einer möglichen Veränderung einbezog, erhielt ich das umgehende Veto: »Uwe, mach bloß keinen Scheiß, bleib bloß bei uns in Zuffenhausen!« Ich blieb. Mein Bild von der Berufspolitik war ohnehin nicht mit goldenem Pinsel gemalt. Oft verglich ich die Parteien mit Fußballmannschaften und die Politiker mit Spielern, die sich nicht sicher sein konnten, ob sie am nächsten Wochenende aufgestellt werden. Ich habe zu viele kennengelernt, denen nicht mal ein Sondertraining weitergeholfen hätte, um in die erste Elf zu gelangen. Wenn ich nur daran denke, wer alles in den Zeiten der sogenannten Eurokrise an den abenteuerlichen Rettungsplänen herumdoktern durfte, bekomme ich schon Abstiegsangst! Kleine Amateure, die den Heuschrecken und Profiteuren eines unmoralischen und kriminellen Finanzkapitalismus erfolgreich entgegentreten wollen. Angeführt von einer wankelmütigen Bundeskanzlerin, deren Krisenmanagement zwar zu den sonderbarsten Allianzen geführt hat, deren Erfolg aber bis heute ausgeblieben ist. Ich achte die Bundeskanzlerin und ich weiß, in welchen politischen Schwierigkeiten sie steckt. Dennoch befürchte ich, dass ihre Strategien zur Bekämpfung der Finanzkrise unserem Land eher schaden als nutzen werden. Wer in dieser ernsten Krise immer wieder »Verständnis für die sensiblen Märkte« einfordert, muss sich fragen lassen, ob er in den letzten Monaten nicht den Blick für die Nöte der Menschen hierzulande verloren hat. Frau Merkel schwebt über den Problemen dieses Landes und die Menschen haben sich schon im vergangenen Jahr gefragt, ob die Krise nicht eher eine Bankenkrise denn eine Eurokrise ist. Immerhin schaffte es die Bundeskanzlerin, in ihrer Regierungserklärung Anfang Dezember 2011 einzuräumen, dass den Menschen das Vertrauen in die Politik abhanden gekommen ist und dass dieses Verhältnis möglicherweise auf Jahre hinaus zerstört worden ist. Wen sie mit »Politik« gemeint hat und wer dafür verantwortlich zu machen ist, blieb in den Schwaden ihrer nebulösen Rede verborgen.

Das Schlagwort vom »deutschen Dilettantismus« zieht durch Europa, denn die Bundeskanzlerin verlangt von den anderen Ländern mehr Reformen, als sie bereit ist, in Deutschland umzusetzen. In Frankreich wird die deutsche Bundeskanzlerin mit Bismarck verglichen, in Griechenland mit Hitler und ein Politiker wie Volker Kauder heizt die Ängste vor einem neu entfachten Nationalismus mit einem geradezu skandalösen Satz an:»Auf einmal wird in Europa Deutsch gesprochen.« Der Mann ist Vorsitzender der Unionsfraktion im Bundestag, in meinen Augen hat er die Würde unserer ausländischen Freunde verletzt. Ich warte schon auf den Tag, an dem Kauder eine deutsche Leitkultur für Europa fordert, nur weil Großbritannien sich einer Finanztransaktionssteuer versperrt. Es sind die politischen Leichtgewichte, die Frau Merkel daran hindern, mehr Gewicht in Europa zu erlangen. Diese Lindners, Röslers und Brüderles, Juniorpartner einer Mannschaft, die immer häufiger den Eindruck erweckt, sie bettele um den Schlusspfiff. Hat das zögerliche Krisenmanagement von Angela Merkel die Lage nicht erst verschärft? Hat das Abwarten gegenüber Griechenland das Land nicht erst in eine gefährliche Rezession gestürzt?

Wird die Fiskalunion, in der kleine Länder keinen Platz mehr haben sollen, Europa nicht erst recht spalten? Warum tritt die Kanzlerin nicht energischer einer in Deutschland aufkommenden öffentlichen Meinung entgegen, dass ein Austritt aus der Eurozone die wahrscheinliche Lösung unserer Probleme wäre? Die Rückkehr zur Deutschen Mark wird plötzlich ein Thema für die Menschen, die glauben, damit der Katastrophe entgehen zu können, wenn die bankrotten Euroländer ihre Kredite nicht zurückzahlen werden. Deutschlands Rolle in Europa beschert uns inzwischen wieder den Ruf einer Imperialmacht. Die bedingungslose Spardoktrin lässt international renommierte Ökonomen immer häufiger einen Vergleich mit den zwanziger Jahren skizzieren. Damals waren Massenarbeitslosigkeit, der Zusammenbruch der Demokratie und das Aufkommen des Nationalsozialismus die Folge strikter Sparpolitik, wie zuletzt der Österreicher Ewald Nowotny zu bedenken gab. Der Mann sitzt im Rat der Europäischen Zentralbank. Warum sperrt sich die Kanzlerin gegen Eurobonds? Braucht eine gemeinsame Währung nicht auch einen gemeinsamen Finanzmarkt? Warum wird den Schuldenländern eine Sparpolitik diktiert, die jedes Wachstum ausschließt? Warum verordnen wir diesen Ländern eine Entwicklung, die sie erst zu den Armenhäusern Europas werden lässt? Würde eine Abschaffung des Euros nicht wieder alte Ressentiments zwischen unseren europäischen Nachbarn aufbrechen lassen, die wir eigentlich schon überwunden hatten? Würde sozialer Unfriede in Europa nicht den Ausbruch eines neuen Krieges begünstigen?

Die Kanzlerin verschweigt ihre Probleme und dafür hat sie einen guten Grund. Sie will bei den nächsten Wahlen wiedergewählt werden und darauf zielt ihre Politik ab. Die Mehrheit der Deutschen spürt nichts von der großen Eurokrise, die Arbeitslosigkeit nimmt weiter ab, die Steuereinnahmen steigen noch und die Löhne auch. Die Kanzlerin setzt darauf, dass dieser positive Deutschlandtrend bis zum Herbst 2013 anhält, aber bis dahin werde ich mich wieder einmischen in die Politik. Ich bin oft gefragt worden in den vergangenen Jahren, wann ich richtig einsteigen würde ins Geschäft.

2008 kam Kurt Beck zu Porsche, so wie Gerhard Schröder drei Jahre zuvor. Er war auf seiner »Näher am Menschen«-Tour und der Abstecher zu Porsche zählte sicherlich nicht zu seinen angenehmsten Pflichten an diesem 27. Juni. Er hatte sich zuvor in Wolfsburg stark gemacht für eine Neuauflage des VW-Gesetzes, in dem es um die Sperrminorität von 20 Prozent ging. Sowohl die EU als auch Porsche lehnten das

Gesetz vehement ab. Beck handelte sich in Zuffenhausen dafür einen Rüffel von Finanzchef Härter ein, anschließend lobte er Porsche für seinen unternehmerischen Weitblick, bei VW investieren zu wollen. Höflichkeitsfloskeln wurden ausgetauscht, Kurt Beck gestand, dass er schon als Junge von einem Porsche geträumt habe, dann war ich in bewährter Form an der Reihe. »Ich bin stolz, in der SPD sein zu dürfen und ich werde sehr stark für die SPD kämpfen«, bot ich ihm meine Unterstützung für den Bundestagswahlkampf an. Aus dem Plenum wurde die Frage laut, ob der Kanzlerkandidat meine Offerte annehmen würde. »So eine Gelegenheit werde ich mir doch nicht entgehen lassen, sonst wäre ich ja blöd«, antwortete der Pfälzer. Der zweiten Frage, ob denn im Falle eines Wahlsiegs ein Ministerposten für Uwe Hück vorgesehen sei, wich er aus: »Jetzt gehen wir erst mal gemeinsam auf die Jagd, dann muss der Bär erlegt werden und dann erst verteilen wir sein Fell.« Ich wusste damals schon aus der Zentrale im Willy-Brandt-Haus, dass die SPD einen Kandidaten suchte, der die Sprache der Arbeiter sprach. Sie suchten einen wie mich, der glaubhaft und authentisch in die Wählerkreise vordringen konnte, die zur Linken abzuwandern drohten. Viele fragten sich damals bereits, ob es denn überhaupt noch Arbeiter gäbe in der Arbeiterpartei und die Frage war berechtigt. Die andere Sorge, die ich bei meinen Wahlkampfauftritten immer wieder hören musste, war ernster: »Ist die SPD überhaupt noch zu retten?« Der glatzköpfige Hüne aus Zuffenhausen würde sie retten, so schrieben der *Focus*, die *Süddeutsche* und der *Stern*. Plötzlich war ich die »Geheimwaffe der Genossen«, der »Joker gegen die Linkspartei«, die »wortgewaltige Rampensau«.

Anfang November 2008 empfing mich Franz Müntefering persönlich in Berlin. Wir führten ein sehr vertrauliches

Gespräch und uns beiden war klar, wie schwer es werden würde für die SPD. »Münte« schätzte meine kampfbetonte Art, die besonders bei jungen Menschen gut ankam, davon hatte er ja schon drei Jahre zuvor geschwärmt. Inzwischen aber war Hartz IV zum Schreckgespenst einer verunsicherten Bevölkerung geworden und die von Guido Westerwelle geführte FDP versuchte, mit Billigpolitik Kapital aus den Ängsten der Bürger zu schlagen. Wir hatten es versäumt, rechtzeitig Korrekturen der Schröderschen Politik vorzunehmen. Die SPD, die für mich immer noch die größte Kompetenz in der Sozialpolitik verkörperte, hatte mit der Agenda 2010 ein Haus gebaut, um den Sozialstaat zu retten. Dabei ist allerdings übersehen worden, dass ein paar Fenster und Türen schief eingebaut waren, zum Beispiel Hartz IV. Um die Schwächsten der Gesellschaft, denen das soziale Netz weggenommen worden war, zu retten, mussten wir über eine Umverteilung von oben nach unten nachdenken. Ich propagierte keinen Sozialismus oder Kommunismus, wie mir gerne unterstellt wurde, ich forderte Solidarität! Solidarität hat nichts mit Sozialismus zu tun. Wir lebten in einem der reichsten Länder der Welt, in dem Milliardenumsätze mit Aktien gemacht wurden, doch kein Cent davon floss in die Sozialkassen. Ich forderte eine Börsenumsatzsteuer, damit das Kapital zur sozialen Gerechtigkeit beitragen konnte und hatte damit eine unerwartet positive Resonanz in den Medien. Robin Hood war wieder da! Ich forderte die Partei zur Umkehr auf, aber ich stieß überwiegend auf Lethargie und Mutlosigkeit. Manchmal glaube ich, auch Andrea Nahles und Sigmar Gabriel hatten die Wahlen schon abgeschrieben – für mich undenkbar! Ich forderte meine Genossen zu mehr Ehrlichkeit auf, sich die gemachten Fehler einzugestehen. Hartz IV erwies sich doch als nicht mehr tragbar! In einem Interview mit dem *Focus*, das in der Parteizentrale kleinere Turbulenzen auslöste, wurde ich deutlich: »Wenn Menschen, die 30 Jahre lang gearbeitet haben, nach einem Jahr in der Arbeitslosigkeit auf dasselbe Niveau fallen wie jene, die ein Jahr lang gearbeitet haben, dann ist das unfair. Das funktioniert auf Dauer nicht. Die Menschen haben einen Gerechtigkeitssinn, das vergessen die Politiker manchmal. Und wenn die Menschen das Gefühl haben, dass es Unrecht ist, dann machen sie nicht mehr mit.«

Auch als es um die Rente mit 67 ging, war ich nicht bereit, Rücksicht auf meine Partei nehmen, nur weil es aus wahltaktischer Perspektive heraus vielleicht ratsamer gewesen wäre. Kalkül und Hück passen nicht gut zueinander. Ich kam in Fahrt gegen die vielen sozialen Ungerechtigkeiten, die ich im täglichen Umgang mit Menschen aus unserer Belegschaft erfahren muss: »Wir haben Leuten, die auf einem 10-Meter-Turm im Schwimmbad stehen, gesagt: ›Springt runter!‹ – obwohl gar kein Wasser im Becken ist. Da kann ich jetzt nicht stur darauf beharren, dass das jetzt so beschlossen ist und dass die Leute trotzdem springen sollen. Da muss erst mal Wasser ins Becken. Soll heißen: Es müssen die Voraussetzungen geschaffen sein, damit die Leute länger arbeiten können. Da stehen die Unternehmen in der Pflicht, zum Beispiel durch altersgerechte Arbeitsplätze und Arbeitszeiten. Außerdem dürfen die Menschen durch Leistungsverdichtung nicht so ausgebrannt werden. Solange es diese Voraussetzungen nicht gibt, darf es keine Rente mit 67 geben, denn das bedeutet nur höhere Rentenabschläge. Die SPD hat das falsch eingeschätzt, das müssen wir uns einfach eingestehen.«

Wo immer ich in diesem Wahlkampf danach auftrat, erhielt ich Zustimmung für meine offenen Worte, die manchem Wahlkampfstrategen allerdings zu kritisch ausfielen.

Für mich aber war die Basis entscheidend. Zuerst kommt der Mensch, dann das parteipolitische Kalkül. In Bammental bei der SPD Rhein-Neckar legte ich nach, immer von der Hoffnung getrieben, dass sich diese Partei vielleicht doch noch aufrütteln ließ. Das Motto des Abends lautete »Anpacken für die Arbeit von morgen«, aber zuerst wollte ich auch hier an der Basis für die Korrekturen bei Hartz IV werben. Danach ließ ich ein Plädoyer für die in 146 Jahren erkämpften sozialen Errungenschaften der Sozialdemokratie folgen. Voller Leidenschaft plädierte ich für die Schaffung von flächendeckenden Mindestlöhnen, die Erhaltung des Kündigungsschutzes und gleiche Bildungschancen für alle. Die angebliche bürgerliche Mitte gefährdete den sozialen Frieden in unserem Land und allein schon bei dem Gedanken an die selbstverliebte Präsentation der FDP in diesem Wahlkampf schwoll mir die Halsschlagader. Die Kanzlerin hüllte sich bei den meisten Problemen derart hartnäckig in Schweigen, dass ich mich manchmal fragte, ob sie nicht doch die leibliche Tochter ihres Ziehvaters Helmut Kohl war.

Die Finanzkrise nahm zu dieser Zeit schon deutliche Konturen an und ich fragte öffentlich, ob denn nicht die Anbiederung der FDP an den Finanzkapitalismus und ihre neoliberale Ideologie erst das Gespenst der Krise herbeigerufen hat. Sie versprachen Steuerentlastungen und meinten in Wahrheit Eingriffe in den Sozialstaat, um ihre fiebrigen Wahnvorstellungen finanzieren zu können. Wenn die Politiker, die an der Gesundheitsreform herumgepfuscht haben, bei Porsche in der Produktion gearbeitet hätten, dann wäre da kein einziger Porsche vom Band gegangen – mein Bild von Ministern in der täglichen Arbeitswelt kam bei Wahlkampfveranstaltungen immer besonders gut an. Den Managern, die staatliche Subventionen einstrichen, sich selbst Gehaltserhöhungen genehmigten und die Arbeitsplätze trotzdem ins Ausland verlagerten, empfahl ich mit wütender Stimme den Besuch von Anstandsseminaren. Das in meinen Augen skandalöse Beispiel von Nokia in Bochum war noch gegenwärtig. Dort wurden 88 Millionen deutscher Fördergelder eingestrichen, bevor der Konzern im Januar 2008 die Schließung bekannt gab. 2000 Menschen verloren ihre Arbeit, weil die Löhne in Rumänien, wo ein neues Werk eröffnet wurde, billiger waren. Dass Nokia sein Geschäftsjahr 2007 mit einem Rekordgewinn von 7,2 Milliarden Euro abgeschlossen hatte, wurde erst später bekannt. Heute steht Nokia durch Missmanagement am wirtschaftlichen Abgrund, das Werk in Rumänien übrigens wurde zwischenzeitlich auch geschlossen.

Am Ende meiner Wahlkampfrede gab ich zu, Angst zu haben. Nicht vor dem Ausgang der Wahlen, die erst in einem Jahr folgen sollten. Ich hatte Angst davor, dass sich dieses Land in eine Richtung veränderte, in der nur noch die Starken das Sagen haben und die Schwachen die Leidtragenden waren. Ich brüllte in den Saal, dass ich von einer solidarischen Gesellschaft träume, bevor der frenetische Jubel meine letzten Worte übertönte. Die Genossinnen und Genossen in Bammental jubelten mir zu. Wieder hatten meine einfachen, aber ehrlichen und klaren Worte ins Schwarze getroffen. Bei anschließenden Gesprächen bekam ich ein paar Mal zu hören, dass sich meine Zuhörer eine derart flammende Rede auch einmal aus Berlin gewünscht hätten.

2009 gab es sogar eine Strömung bei den Jusos, mich als Herausforderer von Ministerpräsident Oettinger in die baden-württembergischen Landtagswahlen zu schicken. Uwe Hück als Spitzenkandidat – das Ansinnen ehrte mich und ich brauchte auch nicht lange, um ein Wahlprogramm zu skizzieren, das ich für erfolgversprechend hielt. Ich hätte die

Themen Kinderarmut, das Ende des dreigliedrigen Schulsystems, die Stärkung des Mittelstandes und mehr Arbeitnehmer-Mitbestimmung in den Betrieben angepackt. Jedes Kind sollte das Recht auf ein kostenloses Mittagessen in der Schule haben und ich wollte mir eine Mannschaft zusammenstellen, die die Ärmel hochgekrempelt hätte. Wir hatten Schlaftabletten in der SPD! Es war der damalige Juso-Landeschef Roman Götzmann, der mich als Gegenspieler von Günther Oettinger ins Gespräch brachte. Auf einem Landeskongress in Ravensburg bedankte ich mich bei unserem Parteinachwuchs, gab allerdings auch den Zeitpunkt einer möglichen Nominierung zu bedenken. Ich hatte zwar im Wahlkampf deutlich Stellung bezogen, doch mein Hauptinteresse galt der Bundestagswahl 2009, nicht den Landtagswahlen 2011. Die SPD sollte erst noch beweisen, dass sie wieder zu mehr als 30 Prozent in Baden-Württemberg in der Lage war. Wir mussten schleunigst raus aus dem Tief. Trotzdem gab es Kreise in der SPD, die einer möglichen Spitzenkandidatur von mir kritisch gegenüber standen. Die Jusos hatten Umfragen im Südwesten durchgeführt, in denen ich vorne lag und das sorgte vor allem bei denen für Unmut, die sich selbst Hoffnungen auf einen Spitzenplatz machten: Nils Schmid, ein aufstrebender Jurist, der die Bildungspolitik in den Mittelpunkt rückte, Claus Schmiedel, SPD-Landtagsfraktionschef, sowie der Ulmer Oberbürgermeister Ivo Gönner. Das deprimierende Ergebnis von 25 Prozent für die SPD bei den Landtagswahlen 2006 lag mir immer noch im Magen und zu dieser Zeit traute ich der SPD einen Umschwung in Baden-Württemberg nicht zu. Der stärker werdende Unmut in der Partei richtete sich gegen die Landesvorsitzende Ute Vogt, die immer noch davon zu zehren schien, gegen Erwin Teufel von der CDU einmal 33 Prozent geholt zu haben. Das waren goldene Erinnerungen an 2001, wir aber befanden uns 2009 in einem Superwahljahr mit der Europawahl, der Bundestagswahl, der Wahl des Bundespräsidenten sowie sechs Landtagswahlen, und ich hatte das ungute Gefühl, die SPD könne in eine Superpleite geraten. Trotzdem versprühte ich kämpferischen Optimismus, wo immer ich um meine Meinung gebeten wurde. Nicht selten wurde ich gefragt, ob die SPD noch zu retten sei und jedes Mal antwortete ich mit dem Bild eines roten Autos, das reichlich Dellen hat und das man als bekennender Schwabe trotzdem nicht wegwirft, solange es zu reparieren ist. Bei jedem Termin forderte ich mehr Engagement, Emotion und positives Auftreten in der Öffentlichkeit, doch die Resonanz blieb bescheiden. 2005 war ein schwieriges Jahr gewesen, 2009 empfand ich nur noch als niederschmetternd. Nicht mal in der heißen Phase des Wahlkampfs schafften wir es, unsere Leute zu mobilisieren. Viele waren entmutigt von den schlechten Umfrageprognosen und hatten einfach aufgegeben.

Am 6. September saß ich in der Talkshow bei Anne Will und wurde befragt zu einem Thema, das wie für mich geschaffen war: »Abstiegsangst in Deutschland – Wer sorgt jetzt für soziale Sicherheit?« Ich wetterte gegen habgierige Manager wie den ehemaligen Arcandor-Chef Karl-Gerhard Eick, der es geschafft hatte, nach nur einem halben Jahr als Vorstandsvorsitzender zurückzutreten und dafür 15 Millionen Euro zu kassieren, weil sein ursprünglicher Arbeitsvertrag über fünf Jahre laufen sollte. Im Studio saß mit Otto Fricke ein FDP-Politiker, der ungestraft gegen den Mindestlohn argumentieren durfte. Mit hochrotem Kopf und natürlich auch mit stark angeschwollener Halsschlagader setzte ich mich über alle Regeln des Fernsehtalks hinweg und brüllte diesen frisch gefönten Vorsitzenden des Haushaltsausschusses im

Bundestag an: »Ein Unternehmen geht nicht kaputt durch Löhne und Gehälter!« Ein paar Minuten später entschuldigte ich mich. Ich stand auf, ging zu Fricke rüber, um ihm die Hand zu geben. Auch bei Anne Will, der ich die Hoheit der Gesprächsführung zwischenzeitlich abgenommen hatte, bat ich um Nachsicht. Ich war in meinem Element: kämpfen, reden, überzeugen und auf keinen Fall aufgeben, auch wenn Frau Künast und die anderen Gäste schon Mitleid mit der SPD erkennen ließen. Am nächsten Tag bescheinigte mir die *Süddeutsche Zeitung* auf ihrer Medienseite, das TV-Duell mit der versammelten Opposition bravourös gemeistert zu haben. Ich hätte Gespür bewiesen für die ganz große Polit-Inszenierung und mit etwas Ironie empfahl mir der Autor dieser Fernsehkritik, den Kanzlerjob zu übernehmen, vielleicht sogar den des Bundespräsidenten. Am besten gefiel mir, dass mir während der Sendung die »Herzfrequenz eines Kolibris« attestiert wurde. Das Bild kam meinem tatsächlichen Zustand verblüffend nahe. Ich war ein begeisterter Wahlkämpfer, der bis zum Schluss an einen Erfolg glaubte, doch es gelang mir nicht überall, eine Aufbruchsstimmung zu erzeugen. Die SPD steckte in ihrer tiefsten Krise der Nachkriegszeit, doch solange Wahlkampf herrschte, wurden diese düsteren Visionen, die sich bis dahin ja nur auf Umfragen stützten, in den Hintergrund geschoben, wenn nicht sogar verdrängt. Der Wahlabend am 27. September 2009 bescherte mir eine geradezu brutale Ernüchterung, die ich selbst nach dem Desaster bei den Europawahlen drei Monate zuvor nicht für möglich gehalten hatte. Unter Kanzlerkandidat Frank-Walter Steinmeier hatte die SPD ein historisches Tief erreicht: 23 Prozent! Aus allen anderen Parteizentralen in Berlin waren Jubelschreie zu hören, denn FDP, Linke und Grüne feierten Rekordergebnisse. Die CDU beklagte ihr schlechtestes Ergebnis seit 60 Jahren, doch die Verluste gingen unter in der Vorfreude auf eine Regierungsbildung mit den Liberalen. Wir waren der große Verlierer und spätestens in dieser bitteren Stunde hatte ich Gewissheit: Diese SPD war keine Volkspartei mehr. Wir hatten 11,2 Prozent verloren im Vergleich zur Wahl 4 Jahre zuvor und die Statistiker errechneten in schonungsloser Präzision, dass noch keine Partei bei einer Bundestagswahl so hoch verloren hatte. Ich brauchte diese Analysen nicht, um zu realisieren, dass die Arbeitslosen und Geringverdiener bei der Linkspartei eine neue Heimat gefunden hatten. Wir, die Partei mit dem traditionell größten sozialen Profil, hatten einfach versagt. Die nächste Ohrfeige klatschte mir ins Gesicht, als die Ergebnisse in meiner Heimat ausgezählt waren. Die SPD lag im Südwesten Deutschlands nur noch bei mickrigen 19 Prozent. Halten Sie mich nicht für abgehoben und schon gar nicht für arrogant, aber als Betriebsratsvorsitzender habe ich mich im Lauf der Jahre an Wahlergebnisse gewöhnt, die mir nie weniger als 80 Prozent Zustimmung einbrachten. An das neue Image der SPD als bemitleidenswerte Kleinpartei konnte ich mich nicht gewöhnen, dann wollte ich lieber weiterkämpfen! Doch schon die ersten Analysen des Wahldebakels bestärkten mich in meiner Meinung, dass viele meiner Genossinnen und Genossen noch immer nicht begriffen, was wir falsch gemacht hatten. In Brandenburg warb Ministerpräsident Matthias Platzeck für eine Anerkennung der Linkspartei und rief zu mehr Zusammenarbeit mit der neuen »Volkspartei« auf. Platzeck, der zu Hause auf ein rot-rotes Bündnis angewiesen war, um regieren zu können, hätte besser Vorschläge gemacht, wie wir unser eigenes Profil mit sozialen Inhalten schärfen konnten, um uns deutlicher abzugrenzen. Klaus Wowereit in Berlin erklärte immerhin, die verlorenen Wähler von der Linkspartei zurückgewinnen zu wollen und er wusste, wo er angreifen musste. Gerade in den sozialen Brennpunkten Berlins, wo besonders viele Hartz-IV-Empfänger und Arbeitslose zu Hause sind, hatten die Sozialdemokraten überdurchschnittlich viele Stammwähler verloren. Aus allen Bundesländern wurden Wasserstandsmeldungen abgegeben, überall hieß es: »Land unter!« Die SPD war im Herbst 2009 zu einer zwischen »Links« und »Mitte« zerrissenen Partei ohne Visionen geworden und ich fragte mich, ob es reichte, ein paar der Schaltstellen auszuwechseln. Parteichef Franz Müntefering zog sich in sein stark verjüngtes Privatleben zurück und hielt seine Abschiedsrede auf dem Sonderparteitag in Dresden. Nicht einmal sieben Wochen nach dem Debakel wurde endlich zugegeben, dass wir Fehler gemacht hatten. Die vielen Wechsel an der Führungsspitze, die Flügelkämpfe, die nicht enden wollenden Debatten über Hartz IV, die Rente mit 67: hausgemachte Probleme, die die aktuelle Situation der Partei erklärten, nicht aber die Tatsache, dass wir seit 1998 zehn Millionen Wähler verloren hatten! Die SPD kauerte in einer Art Schockzustand im Jammertal und wenn mir vor diesem Freitagnachmittag in Dresden jemand gesagt hätte, dass ausgerechnet Sigmar Gabriel der toten SPD neues Leben einhauchen würde, hätte ich ihn ausgelacht.

Eine Stunde und 45 Minuten lang hielt der neue Parteivorsitzende eine Rede, wie ich sie seit den Tagen von Helmut Schmidt nicht mehr gehört hatte. An einen Satz erinnere ich mich heute noch, er hätte von mir stammen können: »Wir müssen dahin, wo es laut ist, wo es brodelt, wo es manchmal riecht«. Dieser stämmige Niedersachse schaffte es tatsächlich, den Delegierten ihr verloren geglaubtes Selbstwertgefühl wiederzugeben. Begriffe wie »Freiheit« und »solidarische Gesellschaft« waren plötzlich wieder zu hören. Gabriel wetterte gegen den »neoliberalen Zeitgeist«, dem sich auch die SPD angepasst habe, indem sie mitgeholfen habe, die Märkte zu deregulieren. Er schwärmte von einer Partei, die nicht hinnahm, wie man leben musste. Er forderte eine selbstbewusste SPD, die gestaltete, wie man leben wollte, ohne auf die politische Mitte und deren Ableger rechts und links davon Rücksicht zu nehmen. Auch das chinesische Sprichwort, das er nach fast zwei Stunden als Schlussbotschaft an all die Genossinnen und Genossen richtete, denen der Wahlausgang immer noch ins Gesicht geschrieben stand, gefiel mir: »Wer nicht lächeln kann, der soll keinen Laden aufmachen«. Als Bundesumweltminister war mir Sigmar Gabriel nie sonderlich aufgefallen, als Parteivorsitzender hatte er mich gepackt und überzeugt. Diese Mischung aus Demut, Kampfkraft, Intellekt und der Gabe, ein begnadeter Redner zu sein: Genau das hatte der SPD in den vergangenen Jahren gefehlt!

Zu Hause in Baden-Württemberg tat sich meine Partei weiter schwer, denn das alles überragende Thema »Stuttgart 21« entwickelte sich zum großen Streitpunkt zwischen CDU und Grünen; der SPD kam dabei nur eine Nebenrolle zu. Mir persönlich wurden die Debatten vom ersten Tag an mit zu viel Emotionalität geführt. Manchmal hatte ich den Eindruck, dass sich der Bürger beim Neubau des Stuttgarter Hauptbahnhofs nur zwischen Jahrhundertchance und Millionengrab entscheiden konnte. Mir kamen in der sehr erbitterten Diskussion immer die Zukunftsperspektiven zu kurz, die Stuttgart und vor allem die kommenden Generationen durch den Neubau erhalten würden. Ich setzte auf Fortschritt und Wachstumschancen und bekannte mich zu Stuttgart 21, womit ich mir allerdings nicht nur Freunde machte.

2010 wurde ein turbulentes Jahr im Ländle: Günther Oettinger trat als Ministerpräsident zurück, weil er den ruhigeren Posten eines EU-Kommissars vorzog und Stefan Mappus wurde am 10. Februar zu seinem Nachfolger gewählt. Mappus kannte ich schon längere Zeit, schließlich kommt er aus einer Schuhmacherfamilie in Mühlacker-Enzheim. Auch wenn er dem rechten Flügel der CDU zugerechnet wurde und durch einige ungeschickte Entscheidungen aufgefallen war – wie etwa der Kritik an der Pforzheimer Ausstellung »Neofaschismus in der Bundesrepublik Deutschland« –, so kamen wir doch gut miteinander aus. Genauso wie ich litt er darunter, dass seine Partei nicht mehr Volkspartei war, und genauso stürmisch wie ich versuchte er, dagegen anzukämpfen. Die SPD in Baden-Württemberg hatte sich inzwischen auf Nils Schmid als Spitzenkandidaten für die Landtagswahlen 2011 festgelegt und ich versprach dem Juristen, ihn genauso engagiert zu unterstützen wie ich das zuvor im Bundestagswahlkampf getan hatte. Meine eigenen politischen Ambitionen hatte ich nach den Enttäuschungen des Vorjahres zurückgeschraubt, vorerst zumindest. Die Turbulenzen bei Porsche waren noch lange nicht ausgestanden und fast täglich wurde mir bewusst, wie sehr ich in Zuffenhausen noch gebraucht wurde. Auch die Probleme in meiner unmittelbaren Umgebung wollte ich weiter anpacken. Mappus wohnte in Pforzheim, der Stadt mit der höchsten Jugendarbeitslosigkeit in Baden-Württemberg. Voller Pragmatismus forderte ich ihn auf, nicht länger wegzuschauen, sondern gemeinsam etwas dagegen zu tun. Seine Entschlossenheit, meinem Vorschlag zu folgen, in Pforzheim, wo wir immer noch die größte Jugendarbeitslosigkeit in Baden-Württemberg verzeichneten, einen Ausbildungs-Gipfel zu gründen, fand ich in Ordnung. Wir holten die Zeitungen ins Boot und gründeten eine Initiative, die den in Not geratenen Jugendlichen zeigte, dass man sich um sie kümmerte. Gleichzeitig traten wir in einen

Dialog mit der Wirtschaft, um die Betriebe dazu zu bekommen, mehr Ausbildungsplätze bereitzustellen. Wir gingen mit gutem Beispiel voran, indem Mappus acht neue Praktikumsplätze für Pforzheimer Jugendliche bei der Landesverwaltung schuf. Porsche wollte ebenfalls acht Stellen schaffen und verpflichtete sich, die jungen Kollegen täglich mit einem Kleinbus in Pforzheim abzuholen. Die Stadt zog mit und stellte fünf Ausbildungsplätze sowie zwei Praktikumsstellen zur Verfügung. Wir holten den Pforzheimer Polizeichef Burkhard Metzger dazu, der »Perspektiv-Praktika« bei seiner Behörde anbot, und über die sehr gut kooperierenden Pforzheimer Zeitungen transportierten wir die Botschaft unseres neuen Wegs in die Öffentlichkeit. Wir packten an und kämpften gemeinsam für junge Leute, unabhängig vom Wahlkampf. Mappus legte sich mit der Wirtschaft an, die immer noch zu wenig Hauptschüler in die Ausbildung holte. Porsche wurde als erfolgreiches Beispiel angeführt, denn ich hatte schon früher durchgesetzt, dass wir unsere Ausbildungsplätze zu 40 Prozent mit Hauptschülern besetzen. »Das Leben beginnt nicht erst mit dem Abitur«, pflegte Mappus zu sagen, wenn es wieder einmal hakte in der Wirtschaft. Ein Doppelinterview in der *Bild-Zeitung* vom 13. Januar 2011, in dem unsere gemeinsame Aktion vorgestellt wurde, war dem Wahlkampf meines Genossen Nils Schmid sicherlich nicht gerade förderlich, aber es verdeutlichte den Umgang des »rechten Mappus« mit dem »linken Hück«. Mappus riet mir zu einem baldigen Wechsel in die Politik. »Uwe Hück würde der SPD, dem Land und der Politik gut tun. Ihm geht es um die Sache, deshalb engagiere ich mich gemeinsam mit ihm für junge Leute.« Es war mit Sicherheit kein Anliegen von Mappus, sich in die Personalentscheidungen meiner Partei einzumischen, aber diese Sätze galten auch Nils Schmid.

In meiner Ehrlichkeit ließ ich mich auf die Frage, ob mich der Einstieg in die Politik reize, zu folgender Antwort hinreißen: »Im Augenblick weniger. Die SPD ist in Gefahr, keine große Volkspartei mehr zu sein«.

Man kann mir nachsagen, dass ich ein großes Maul habe, ein Maulheld bin ich deshalb noch lange nicht. Ich stand zu meinen Worten und auch heute noch bin ich der Meinung, dass ich Recht hatte. Es gab Stimmen in der SPD, die meinen Auftritt mit Mappus als kontraproduktiv bezeichneten, doch die meisten meiner Genossen hielten diesen kritischen Dialog für angebracht, um die Partei wieder flott zu bekommen.

Meine Arbeit mit Mappus ging weiter, Ende Februar 2010 konnte ich bei Porsche 100 000 Euro für die Stiftung Kinderland organisieren, der auch Mappus vorstand. Ich überreichte dem Ministerpräsidenten, der zugleich Stiftungsratsvorsitzender war, einen Scheck aus Zuffenhausen und der Vorstand von Porsche erklärte unsere Beweggründe. Aus der Unternehmenshistorie heraus hat Porsche immer schon die Familien als Mittelpunkt der Gesellschaft gefördert. Das besondere Augenmerk lag dabei auf verbesserten Bildungschancen für Kinder und junge Erwachsene und dieser Linie wollten wir treu bleiben. Im April stattete Stefan Mappus Porsche seinen Antrittsbesuch als Ministerpräsident ab und ich kann sagen, dass wir uns oft getroffen haben in dieser Zeit. In Zuffenhausen standen Gespräche mit Vorstandschef Michael Macht auf dem Programm, ebenso eine ausführliche Werksführung, an deren Ende er sich begeistert von der Leistungsfähigkeit unserer Belegschaft und der Produktionsanlagen zeigte. Besonders wichtig schien ihm mein Versprechen zu sein, dass Porsche eine eigenständige Marke bleiben werde, denn noch immer gab es Spekulationen, dass eine der berühmtesten Marken aus Baden-Württemberg von

VW geschluckt werde. Schon waren wir wieder bei unserem Lieblingsthema: Die Standortsicherungsvereinbarung garantierte 100 Auszubildenden jährlich die unbefristete Übernahme in ein Arbeitsverhältnis. Drei Tage danach war der Ministerpräsident an der Reihe, eine Rede zu halten. Dabei zeigte er sich sicher, dass die Faszination Porsche auch im VW-Konzern eine zentrale Rolle spielen werde und dass alle Arbeitsplätze bei uns erhalten bleiben. Mappus war gerade erst zwei Monate im Amt und hatte die Bedeutung von Porsche doch schon richtig erkannt. An diesem Tag verlieh er mir die Staufermedaille für meine Verdienste um das Land Baden-Württemberg. Mich machte dabei besonders stolz, dass ich nicht nur für meine Arbeit als Betriebsrat geehrt wurde. Meine Sozialarbeit auf dem Haidach und die vielen anderen karitativen Projekte wurden genauso gewürdigt. In seiner Festrede bezeichnete er mich als Mischung aus Chef und Kumpel und dankte mir dafür, dass ich mithalf, unsere Gesellschaft menschlicher zu machen. Ich fühlte mich geschmeichelt und geehrt. Nicht, weil ich für mein Schaffen und mein Engagement Anerkennung erhielt, sondern weil ich merkte, dass dieser Politiker diesen Tag nicht als irgendeinen Pflichttermin mit vorgeschriebener Rede betrachtete. Die Laudatio war echt!

Obwohl Mappus und ich in unseren politischen Auffassungen weit voneinander entfernt waren, ist es in unserer Demokratie immer wichtig, den gewählten Volksvertretern in ihrer Funktion Respekt entgegen zu bringen. Das politische Schicksal von Mappus und die dramatische Entwicklung, die er nehmen sollte, waren damals noch nicht zu erahnen. Im Frühjahr 2011 kam der Altkanzler zurück nach Zuffenhausen, es war das Jahr der Landtagswahlen. Mappus' politischer Stern war zu dieser Zeit bereits am Sinken, er war ausgerutscht auf seinem Atomkurs und machte politische Fehler, die nicht mehr zu korrigieren waren. Zuerst Atom-Hardliner, dann unter dem Eindruck der durch das Unglück in Japan ausgelösten Besorgnis in der Bevölkerung sehr schnell umgekippt und zum Abschalter der Kernreaktoren mutiert, dazwischen der Ankauf von EnBW durch das Land Baden-Württemberg, was beide Seiten in größte finanzielle Schwierigkeiten stürzen sollte. Sollte Mappus wirklich die Marionette eines zwielichtigen Bankers gewesen sein, wäre das eine Riesenenttäuschung für mich.

Die SPD witterte plötzlich neue Chancen in Baden-Württemberg und Schröder kam unserer Einladung folgend als prominenter Wahlkämpfer nach Zuffenhausen. Der Altkanzler zeigte sich selbstkritisch, auch wenn er noch immer vom grundsätzlichen Erfolg seiner Politik überzeugt war. Ein Satz ist mir besonders in Erinnerung geblieben: »Man muss nicht Angst haben vor Politikern, die Fehler machen, sondern vor Politikern, die den Eindruck erwecken, sie würden nie welche machen.«

Die Fehler bei der Agenda 2010 beschäftigten uns also immer noch, die Wähler übrigens auch. Doch die politischen Realitäten, der atomare Störfall in Fukushima, die Wutbürger von Stuttgart 21, die Abwahl von Mappus und die immer offensichtlichere Unfähigkeit der schwarz-gelben Koalition in Berlin sorgten für einen historischen Wahlabend in Stuttgart. Ausgerechnet das erzkonservative Ländle bekam als erstes deutsches Bundesland einen grünen Ministerpräsidenten. Winfried Kretschmann, ein für mich bis dahin unauffälliger, biederer, konservativer Stuttgart-21-Gegner, der von der außergewöhnlichen politischen Situation profitierte, dass die CDU nach fast 58 Jahren zum ersten Mal in die Opposition musste. Ein grüner Landesvater in dem traditionell fortschrittsorientierten Autoland Baden-Württemberg! Kretschmann war noch nicht als Ministerpräsident vereidigt, da polterte er auch schon los. Weniger Autos bauen, umweltfreundlichere Motoren entwickeln, neue Mobilitätskonzepte erstellen. Weniger Autos produzieren in unserem Bundesland! Damit brachte er die stark gewachsene grüne Klientel natürlich hinter sich. Dass er aber auch für unseren Wirtschaftsstandort verantwortlich sein würde, war dem ehemaligen Lehrer für Biologie, Chemie und Ethik vielleicht noch nicht in voller Tragweite bewusst. Es hagelte Kritik aus allen Richtungen und ich registrierte natürlich sehr bald auch Reaktionen unserer Belegschaft, die mit Empörung noch zurückhaltend umschrieben waren. Bei Daimler brodelte es nicht weniger als bei Porsche. Ich stellte mich vor meine Kolleginnen und Kollegen und warf dem künftigen Ministerpräsidenten eine Porsche-feindliche Haltung vor, die in einer gefährlichen Jobvernichtung enden könnte. Meine Retourkutsche fuhr Vollgas, die Antwort aus dem Landtag ließ auch nicht lange auf sich warten. Im Mai 2011 stattete Winfried Kretschmann Porsche seinen Antrittsbesuch ab und von diesem Tag an herrschte wieder Ruhe im Land. Es waren sicherlich nicht nur die vielen kritischen Blicke unserer Belegschaft, die den Ministerpräsidenten beim gemeinschaftlichen Linsen- und Spätzleessen umstimmten. Nach der Werksführung mit Vorstandschef Matthias Müller und Aufsichtsratschef Wolfgang Porsche hob Kretschmann die Leidenschaft hervor, mit der wir unsere Autos bauen. Ich hatte spontan beschlossen, das offizielle Protokoll auf meine Weise zu ändern. Ich lotste Kretschmann direkt zu den Kolleginnen und Kollegen aufs Band. Einer unserer Porscheaner erklärte ihm im reinsten Schwäbisch, wie die Produktionsabläufe funktionieren. Der Ministerpräsident wollte schließlich wissen, wo der schwäbelnde Kollege denn genau herkomme, der Dialekt würde ja genau wie der in Cannstatt klingen. »Ich komme aus Griechenland«, sagte der Mann voller Stolz und Kretschmann erlebte hautnah die besondere Atmosphäre, die unsere Belegschaft so einzigartig macht. Ein Ausflug über das Werksgelände in einem Porsche mit Elektroantrieb dürfte ihm ebenfalls gefallen haben – geräuschlos, sauber, zukunftsfähig. Freunde sind wir nicht geworden an diesem Nachmittag, aber gute Partner, die die Notwendigkeit zur Kooperation verstanden haben. Und Winfried Kretschmann hat begriffen, dass technologischer Fortschritt in eine grüne Zukunft ohne die deutsche Automobilindustrie nicht zu realisieren sein wird.

Vier Monate später übrigens war der Ministerpräsident wieder zu Gast bei uns. Dieses Mal mussten keine Wogen mehr geglättet werden. Porsche feierte die Einweihung seiner neuen Lackiererei und erntete großes Lob vom Landesvater für seine erheblich reduzierten Schadstoffemissionen. Als ich in meiner Rede auf die Zukunftssicherung von 5 000 Arbeitsplätzen durch den Neubau einging, konnte ich Kretschmann nicken sehen. Der grüne Ministerpräsident hat längst eingesehen, dass sein Bundesland mit 200 000 Arbeitsplätzen allein in der Automobilindustrie der wahrscheinlich wichtigste Wirtschaftsstandort Deutschlands ist. 2011 habe ich für Rot gekämpft und Grün bekommen. Bei der nächsten Landtagswahl werde ich wieder für Rot kämpfen. Ich glaube fest daran, dass es eine kämpfende SPD schaffen kann, in diesem Bundesland einen Ministerpräsidenten zu stellen.

Kapitel 8

Gegenspieler

Gegenspieler Meine Mitarbeiterinnen im Betriebsratsbüro behaupten manchmal, dass ich meine häufigen Einladungen in Talkshows sicherlich auch der Tatsache verdanke, meine Gefühle nicht verbergen zu können. Meine impulsive Art, auf andere Gesprächsteilnehmer einzugehen, und das Herausplatzen meiner Gedanken, wenn da wieder einmal Blödsinn erzählt wird, haben mir in dieser Branche einen Ruf eingebracht, mit dem ich sehr gut leben kann. Der Hück ist laut, verklärt die Dinge nicht und ist immer ehrlich, manchmal sorgt er auch für leichtere Tumulte im Studio – so sehen sie mich in den Redaktionen und holen mich, wenn sie ein Gegenmittel gegen drohende Langeweile bauchen. Ich hatte in den vergangenen Jahren viele Gelegenheiten, mehr oder weniger prominente Menschen aus allen gesellschaftlichen Bereichen gegenüber zu sitzen und fast jedes Mal wurde leidenschaftlich debattiert, oft genug auch gestritten.

Auf einen Zeitgenossen aber warte ich bis heute. Obwohl auch er zu den gefragtesten Gästen der Talkshows gehört, haben sich unsere Wege noch nicht gekreuzt. Mit keinem anderen würde ich so gerne diskutieren wie mit Thilo Sarrazin! Und glauben Sie mir: Das würde kein Plausch werden zwischen zwei Sozialdemokraten. Ich frage mich vielmehr, was dieser Mensch in unserer Partei überhaupt noch zu suchen hat. Ich will das Theater um Sarrazin und die SPD bestimmt nicht noch einmal erleben, aber verstanden habe ich bis heute nicht, warum sich die Parteispitze, die im September 2010 einheitlich für einen Parteiausschluss ihres populistischen Sozialstaatkritikers ausgesprochen hatte, im April 2011 plötzlich umkippte. Was war geworden aus der engagierten und sachlich so hervorragenden Auseinandersetzung von SPD-Chef Sigmar Gabriel mit dem ehemaligen Bundesbanker, der dabei war, den sozialen Frieden dieser Republik

Uwe Hück in Maybrit Illners Talkshow

durch seine unverantwortlichen Thesen zu gefährden? Ich
habe nie erfahren, wie es zu diesem merkwürdigen Burg-
frieden gekommen ist und welche Rolle dabei Generalse-
kretärin Andrea Nahles gespielt hat. Monatelang war an der
Strategie eines möglichen Parteiausschlussverfahrens gefeilt
worden, das von der großen Mehrheit unserer Parteimitglie-
der getragen wurde, und dann knickte Frau Nahles plötzlich ein. Das Schiedsgericht in Sarrazins Kreisverband soll
entscheidend gewesen sein, machte uns die Parteiführung
glauben und manövrierte sich in die nächste Krise. Die Jusos
forderten Nahles' Rücktritt, Sarrazin-Gegner Gabriel musste
ihr demonstrativ den Rücken stärken, die Migranten in der
SPD tobten. Bis heute ist Thilo Sarrazin Parteimitglied, dabei
hatte ich gehofft, dass er dem Rat unseres Landeschefs Nils
Schmid gefolgt und freiwillig aus der Partei ausgetreten wäre.
Die Situation hat sich heute, ein Jahr später, beruhigt, in mir
aber brodelt es immer noch. Denn immer noch kann dieser
Demagoge seine Thesen ungehindert unters Volk bringen

und mit den unterschwelligen Ängsten der Menschen spielen. Immer noch kann Sarrazin seine halbgaren Zutaten zu einem süßlichen Brei verrühren und einer Klientel vorsetzen, die seine Bücher hunderttausendfach kauft und die vereinfachten und verfälschten Sachverhalte nur zu leicht in den falschen Hals bekommt. Noch immer verfügt dieser Thilo Sarrazin über ein gefährliches Mobilisierungspotenzial und darüber würde ich gerne einmal mit ihm diskutieren.

Ich habe die aktuelle Auflage seines Bestsellers *Deutschland schafft sich ab* nicht mehr gelesen, ein zweites Mal wollte ich mir dieses Buch nicht antun. Ein paar der umstrittensten Passagen soll Sarrazin darin unter dem Druck einer empörten Öffentlichkeit und der wissenschaftlichen Kritik gestrichen haben. Mir hat gereicht, was ich in einer früheren Auflage gelesen habe. Und mich hat geradezu schockiert, wie manche meiner Kolleginnen und Kollegen mit Migrationshintergrund auf diese pseudowissenschaftlichen Thesen reagiert haben, die in Deutschland eine längst überwunden geglaubte Diskussion um die Integration von Muslimen losgetreten haben.

Schon 2009 – ein Jahr also vor Veröffentlichung seines umstrittenen Buches – verriet Sarrazin in einem Interview mit dem *Stern* einige seiner skandalösen Gedanken: »Jemanden, der nichts tut, muss ich auch nicht anerkennen. Ich muss niemanden anerkennen, der vom Staat lebt, diesen Staat ablehnt, für die Ausbildung seiner Kinder nicht vernünftig sorgt und ständig neue kleine Kopftuchmädchen produziert. Das gilt für 70 Prozent der türkischen und 90 Prozent der arabischen Bevölkerung in Berlin.« Schon hier skizzierte Sarrazin den Frontalangriff auf unsere moderne Gesellschaft und auf die vermeintlichen Schmarotzer unseres Sozialstaats. In der Erstauflage seines späteren Buches musste ich dann Sätze wie diesen lesen: »Demografisch stellt die enorme Fruchtbarkeit der muslimischen Migranten eine Bedrohung für das kulturelle und zivilisatorische Gleichgewicht im alternden Europa dar«. War das schon Rassismus oder nur ein dümmlicher Angriff auf die Würde der bei uns lebenden Minderheiten? Je mehr Passagen ich las, desto ungeheuerlicher fand ich die geschmacklosen Inhalte. Dieser Biedermann zündelte. Er spielte mit den dumpfen Ängsten von Teilen der Bevölkerung, deren Skepsis vor einer multikulturellen Gesellschaft immer schon latent vorhanden war. Mich schockiert noch heute, wie sich die Anhänger von Sarrazins Ideen nicht nur dort rekrutierten, wo ich sie ohnehin vermutet hatte, in der NPD und ihr nahestehenden Kreisen. Unter dem Deckmantel einer »Das wird man ja wohl noch sagen dürfen«-Phrase kam Zustimmung auch vom rechten Rand der bürgerlichen Gesellschaftskreise. Unglaublich: Ein Parteifreund von mir, der zudem 7 Jahre lang Finanzsenator im Berliner Senat gewesen war, machte Ausländerfeindlichkeit wieder salonfähig. Bis es zu einer öffentlichen Sachdebatte kam, war dieser populistische Schwachsinn schon in den Kreisen angekommen, die für Abgrenzung und Deutschtümelei besonders empfänglich sind.

Unsere Belegschaft bei Porsche ist stets ein guter Indikator für gesellschaftliche Strömungen und Veränderungen gewesen. Mehr als 50 verschiedene Nationalitäten arbeiten hier erfolgreich zusammen, nicht immer frei von Spannungen, aber immer respektvoll im täglichen Umgang. Diese Menschen fühlten sich von Sarrazin persönlich angegriffen und ich konnte sie verstehen. »Ich dachte, ich sei hier in diesem Land zu Hause«, sagte mir ein in Stuttgart geborener Türke, »aber jetzt fange ich an, mich hier als Fremder zu fühlen«. Ein Pole aus der Lackiererei, dessen Familie in zweiter Generation bei

Porsche arbeitet, wollte von mir wissen, ob es verschiedene Formen von Integration in Deutschland gab. Ich antwortete ihm, dass Deutschland immer ein Einwandererland gewesen sei und dass wir auch in Zukunft eine Einwanderergesellschaft bleiben würden. »Ja, solange ihr Podolski und Klose zu Nationalspielern macht, klappt die Integration«, meinte er. Ein türkischer Nachbar brachte Özil in die Diskussion, als Schwabe fiel mir noch Khedira vom VfB Stuttgart ein, er hat einen tunesischen Vater.

Die Sorgen in unserer Belegschaft würden größer, je mehr Aufmerksamkeit Sarrazin mit *Deutschland schafft sich ab* erhielt. Mit besonderer Wucht traf es meine Kolleginnen und Kollegen muslimischen Glaubens. Im 8. Kapitel »Demografie und Bevölkerungspolitik: Mehr Kinder von den Klugen, bevor es zu spät ist« stand dieser geradezu skandalöse Satz: »So spielen bei Migranten aus dem Nahen Osten auch genetische Belastungen – bedingt durch die dort übliche Heirat zwischen Verwandten – eine erhebliche Rolle und sorgen für einen überdurchschnittlich hohen Anteil an verschiedenen Erbkrankheiten.« Dass auch dieser Satz von der 14. Auflage an gestrichen wurde, kann meine Empörung auch heute noch nicht mindern. Da saß ich in an meinem Schreibtisch, las diese Thesen über sogenannte Kopftuchfrauen. Gedanken, die mir alle wie aus einem Aufsatz über Rassentheorien aus dem vergangenen Jahrhundert vorkamen. War ich im falschen Film? Dann betrat auch noch ein gewisser Geert Wilders die Szene. Ein rechts-populistischer Holländer, der 2009 trotz Einreiseverbots nach London gereist war, um dort seinen islamkritischen Film *Fitna* im britischen Abgeordnetenhaus vorzuspielen. In England wurde Wilders verhaftet, ein Jahr später in Berlin durfte er reden und sogar um Sympathien für Sarrazin werben: »Die gegenwärtige und sehr heftige Debatte über das kürzlich erschienene Buch Thilo Sarrazins ist ein Anzeichen dafür, dass Deutschland mit sich ins Reine kommt.« Die Saat schien also aufzugehen, die Rechten hatten einen neuen Guru gefunden und ich war konsterniert über die Leichtigkeit dieses Despoten Sarrazin, wie er sich mit falschen und sinnentstellenden Statistiken so viel geistige Umweltverschmutzung leisten konnte. Ich würde diese verblendeten Geistesbrüder Wilders und Sarrazin gerne mal zu einer Betriebsversammlung einladen, damit sie unserer Belegschaft erklären, was sie überhaupt meinen, wenn Sätze wie diese bei Wilders Rede in Berlin fallen:»Ein Deutschland voller Moscheen und verschleierter Frauen ist nicht mehr das Deutschland Goethes, Schillers und Heines, Bachs und Mendelssohns. Es wäre für uns alle ein Verlust. Es ist wichtig, dass Sie als Nation diese Wurzeln hegen und erhalten. Andernfalls wird es Ihnen nicht möglich sein, Ihre Identität zu bewahren; Sie würden als Volk abgeschafft und Sie würden Ihre Freiheit verlieren. Und das übrige Europa würde zusammen mit Ihnen seine Freiheit verlieren.«

Mir wurde schlecht beim Lesen dieser Zitate. Mir gefiel auch nicht die große Bühne, die die Medien Thilo Sarrazin boten. Das »S-Wort« war allgegenwärtig und das Bildungsbürgertum hatte eine neue Lieblingsdebatte. Natürlich weiß ich, dass Sarrazin bewusst zu Übertreibungen und Zuspitzungen griff, um eine öffentliche Integrationsdebatte in Gang zu bringen. Aber um welchen Preis? Sarrazin war dabei, das geistige Klima in Deutschland zu verschlechtern, gleichzeitig prahlte er unverhohlen mit seiner ersten Million, die er durch sein Buch verdient hatte. Und er ließ keine Gelegenheit aus, weiter Öl ins Feuer zu gießen. »Produktive Beiträge von Migranten ließen sich in Deutschland allenfalls im Gemüsehandel messen«, lautete eine seiner in Talkshows gerne geäußerten Weisheiten, die zu beweisen er allerdings nie in der Lage war. Ich hatte immer den Verdacht, dass er nur halbseriöse Statistiken zur Untermauerung seiner Provokationen bemühte. Das Wirtschaftsministerium kam zum Jahresende 2011 mit Zahlen an die Öffentlichkeit, die Sarrazins Lügengeflecht entlarvten. In Deutschland gab es demnach dreimal mehr Firmengründungen durch Migranten als durch einheimische Bürger.

Dass ein gescheiterter Banker die deutsche Bevölkerung ungestraft in gut und böse einteilen durfte, dass der Begriff »Unterschicht« wieder zur Abqualifikation einer großen Gruppe herhalten konnte, konnte ich nie akzeptieren. Die Tatsache, dass Millionen Ausländer und Migranten der zweiten und dritten Generation in Deutschland friedlich leben und über geregelte Einkünfte verfügen, wurde in Sarrazins einseitig instrumentalisierten Statistiken einfach unterschlagen. Vielleicht wäre uns ein Teil dieser Brunnenvergiftung erspart geblieben, wenn wir früher Zugriff auf vertiefende und seriöse Studien gehabt hätten. 70 Prozent der in Deutschland lebenden Türken sprechen sehr gut oder gut Deutsch und der demografische Wandel lässt diese Zahl jährlich ansteigen. Wissenschaftler der Berliner Humboldt-Universität konnten keine der Thesen Sarrazins erhärten, im Gegenteil. Der konstruierte Zusammenhang zwischen Kriminalität und Islam konnte in keiner Studie nachgewiesen werden. Gewalt hingegen hat seinen Ursprung viel häufiger in familienkulturellen Umständen, so die Veröffentlichungen im Januar 2011. Ich bin noch heute erstaunt, mit wie viel Chuzpe dieser Mann seine selbst an die Rassenlehre des Nationalsozialismus angelehnten Theorien verbreiten durfte. In einem Land, das in seiner ideologischen Verblendung so viel Leid über die Menschheit gebracht hatte, konnte einer wie Sarrazin ungestraft über die »genetische Identität der Juden« mutmaßen. Was wundere ich mich darüber, wo wir es doch bis heute nicht mal geschafft haben, ihn aus der SPD auszuschließen! »Ich nehme mein SPD-Parteibuch mit ins Grab«, sagte Sarrazin in einem Interview mit der *Frankfurter Allgemeinen Zeitung*. Die Selbstherrlichkeit dieses selbsternannten Gesellschaftsverbesserers empfinde ich immer noch als impertinent. Auch wenn er einige Passagen seines Buches bereinigen musste: Seiner Grundeinstellung ist er treu geblieben, wie ich einem Interview mit *Welt Online* vom 9. Januar 2012 entnehmen musste. »Ich habe die Gedanken, dass es Völker gibt, dass es angeborene Eigenschaften gibt, dass es nicht egal ist, wer in einer Gesellschaft Kinder bekommt oder nicht, dass es auch nicht egal ist, wer in eine Gesellschaft zuwandert, dass Zuwanderung die Gesellschaft immer verändert, und das nicht immer zum Besseren – das alles habe ich systematisch miteinander verbunden. Dass man überhaupt solche Gedanken hat, wird als Provokation empfunden.«

Er hat nichts dazugelernt, nichts verstanden, im Gegenteil: Er wird auch zukünftig polarisieren und ausländerfeindliche Stimmung machen, wenn es nur dem Verkauf seines Buches dient. In altbekannter Demagogie werden die Gegner einfach diffamiert: »Das ist die Wut der Pharisäer. Ich spreche etwas aus, was viele denken, sich aber zu sagen nicht trauen. Der Pharisäer ist ein Mensch, der schon etwas weiß, aber in festen Strukturen denkt und sie nicht gefährden will. Er will keine Fragen stellen, weil sie zu ungewollten Folgerungen führen könnten. Damit er weiter sein Leben als Pharisäer führen kann.«

Ich wehre mich dagegen, als Pharisäer bezeichnet zu werden, nur weil ich diesem streitbaren Zeitgenossen in all seinen Ansichten widerspreche. Viel zu leicht ist in dieser Diskussion immer die Tatsache übersehen worden, dass dieser Thilo Sarrazin als Berliner Finanzsenator eine Politik mit zu verantworten hatte, in der gnadenlos gestrichen wurde. Kahlschlagpolitik, die die sozialen Nöte Berlins von einem auf den anderen Tag verschlimmert haben. Ausgerechnet Berlins Bezirksbürgermeister Heinz Buschkowsky, der täglich dort arbeitet, wo Sarrazin die »parasitären Schmarotzer« als Grundübel unserer kaputten Sozialstaatspolitik ausgemacht hat, lässt sich im Buch vor Sarrazins Karren spannen. Lösungsvorschläge etwa zur Beseitigung bildungspolitischer Probleme aber haben beide vermissen lassen. Wenn in Berlin ein Kind aus der sogenannten Oberschicht eine fünfmal höhere Chance hat, einen Platz auf einem Gymnasium zu bekommen, als ein Kind von gleicher Intelligenz aus einer Arbeiterfamilie, dann ist das der eigentliche Skandal einer verfehlten Bildungspolitik. Wie sollten wir einem Kind mit Migrationshintergrund glaubhaft machen, dass es in diesem Land alle Chancen eines sozialen Aufstiegs hat, wenn schon das deutsche Arbeiterkind benachteiligt ist? Ich habe am eigenen Leib erfahren, wie gering meine Chancen waren. Nur durch meinen Willen, durch meine Erfolge als Sportler, durch meine eiserne Disziplin und auch mit ein bisschen Glück hatte ich die Tür zur Bildung aufgestoßen. Damals hatte ich laut darauf bestanden, »das gleiche Recht zu haben, gescheit zu werden wir ihr«. Aber es kann nicht Sinn der Sache sein, dass man erst zweifacher Europameister werden muss, um eine Chance zu bekommen.

Warum kann an Berliner Schulen nicht die Chancengleichheit praktiziert werden, die bei uns in Zuffenhausen und in den anderen Porsche-Standorten so gut funktioniert? Wir haben uns verpflichtet, mindestens 40 Prozent unserer Lehrlinge von den Hauptschulen zu holen. Das ist nur ein kleines Beispiel sozialer Kompetenz, aber wir haben großen Erfolg damit. Wir müssen uns kümmern um diese Menschen, auch nach ihrer Abschlussprüfung. Wir können die nächste Generation doch nicht ausbilden, um sie danach in Hartz IV zu entlassen. Ausländische Kolleginnen und Kollegen genießen bei uns von jeher eine Gleichbehandlung und das nicht, um irgendwelche Quoten zu erfüllen. 14 Prozent aller Mitarbeiter bei der Porsche AG haben keine deutsche Staatsangehörigkeit, dazu kommen die Kolleginnen und Kollegen, die zwar einen deutschen Pass, aber ausländische Wurzeln oder eine doppelte Staatsbürgerschaft haben. Den größten Anteil an der ausländischen Belegschaft stellen die Mitarbeiter aus der Türkei, gefolgt von den griechischen, italienischen, kroatischen und österreichischen Kolleginnen und Kollegen weiterer Nationalitäten. Es gab in den letzten Jahren zahlreiche Jubiläen sogenannter Anwerberabkommen, die wir mit Veranstaltungen unter dem Motto »Gelebte Integration bei Porsche« feierten. Ich habe mich oft gefragt, warum die Bundesrepublik Deutschland diese vielen Abkommen unterzeichnet hat, warum diese Menschen als Arbeitskräfte angeworben wurden, um sie später hier zu beschimpfen.

Ich hätte mir gewünscht, dass Thilo Sarrazin bei einer dieser Veranstaltungen in Stuttgart dabei gewesen wäre. Er hätte erlebt, wie man die Probleme der Integrationspolitik auch ohne ehrverletzende Phrasen und wortgewaltige Keulen ansprechen kann. Der Vorstandsvorsitzende Matthias Müller zeichnete nicht nur das Bild der rosafarbenen Porsche-Welt: »Ich persönlich würde mir sehr wünschen, dass mehr Mitarbeiterinnen und Mitarbeiter aus zugewanderten Familien auch als Ingenieure in der Entwicklung oder als Fach- und Führungskräfte im Management Karriere machen.« An die anwesenden Mitarbeiter appellierte der Porsche-Chef, die Schulbildung ihrer Töchter und Söhne ernst zu nehmen. »Sprachkenntnisse und Bildung sind der wichtigste Schlüssel zur Integration – und eine lohnenswerte Investition in die Zukunft Ihrer Kinder«. Ich war froh, dass wir diese Veranstaltung vor einem so großen Publikum abhalten konnten. Bei vielen Kolleginnen und Kollegen hatte die öffentliche Diskussion nach den Sarrazin-Thesen Narben hinterlassen. Manche, die sich nach Jahren bei Porsche integriert gefühlt hatten, berichteten jetzt von ihrer Verzweiflung, weil sie sich wieder zurückgeworfen fühlten. Dass sie sich obendrein von der Politik im Stich gelassen sahen, verschlimmerte die Sache nur. Sie können sich gar nicht vorstellen, was dieser Thilo Sarrazin in diesem Teil unserer Gesellschaft angerichtet hat. Gerne hätte ich ihm mein wahres Leben mit meinen ausländischen Mitbürgern gezeigt, das so weit weg war von seinen obskuren Angstszenarien in Berlin-Neukölln. Ich hätte ihn gerne einmal mitgenommen auf die Straße, auf den Haidach, nach Pforzheim oder nach Stuttgart. Mitgenommen zu den Menschen, die mein Leben täglich mitgestalten. Mitgenommen zu den Türken, Griechen, Polen und Russen und den vielen anderen, die ich heute als meine Brüder bezeichne. Zu den Menschen, die keine großen Chancen hatten, als sie in die Problemviertel nach Deutschland kamen und die heute einen festen Arbeitsplatz haben und Deutsch sprechen. Ich würde so gerne erleben, wie Sarrazin meinen Freunden die »enorme Fruchtbarkeit muslimischer Migranten« näher bringt und ihnen die »genetischen Belastungen bedingt durch die Heirat zwischen Verwandten« erklärt.

Vielleicht würden wir meinen Freund Bülent Ceylan auch dazu holen, einen besseren Stoff für sein nächstes Comedy-Programm wird er so schnell nicht finden. Mit Bülent bin ich

Uwe Hück und Bülent Ceylan (links)

befreundet, seit uns die gemeinnützige Initiative Respekt! Kein Platz für Rassismus GmbH zusammen gebracht hat. Die Initiatoren um die Familie Rudolf aus Frankfurt hatten die Idee, mit uns beiden ein Video zu produzieren, das sie zuerst auf dem alljährlichen Familienfest bei Porsche aufführen und später auf ihre Internetseite stellen wollten. Nach den guten Erfahrungen, die ich schon bei den Dreharbeiten mit Bernd Osterloh gemacht hatte, freute ich mich natürlich auf dieses Projekt. Kris Rudolf, der Produzent des Videos, ließ Bülent und mich in die Rollen von Gangstern schlüpfen, die sich auf einem finsteren, verlassenen Industriegelände trafen. Am Ende des Showdowns deutet alles auf eine Geldübergabe hin, im Koffer aber befindet sich das inzwischen deutschlandweit bekannte Schild der Respekt!-Initiative. Diese Metallschilder hängen inzwischen an fast allen Bundesligastadien, Schulen, Betrieben, Sportplätzen und vielen anderen öffentlichen Einrichtungen. Bülent und ich sind Botschafter dieser Initiative geworden, Porsche unterstützt die Frankfurter, Bülent sorgt mit seiner immer größer werdenden Popularität für eine verstärkte Wahrnehmung der gemeinnützigen Initiative in der Öffentlichkeit. Bei seinem letzten Programm war das Schild ständiges Requisit auf der Bühne.

Bülent und ich sind Freunde geworden, auch wenn wir zwei sehr unterschiedliche Typen sind. Er, der Comedian, der politische Inhalte in seinen Shows überwiegend mit sehr feinem Strich zeichnet – von der Hitler-Parodie einmal abgesehen. Ich, der Betriebsratsvorsitzende, der sich auch von Berufs wegen mit der Politik auseinanderzusetzen hat und der trotzdem oft für einen Comedian gehalten wird. Bülent, dieser in Mannheim geborene Sohn deutsch-türkischer Eltern, gilt ja inzwischen als eines der prominentesten Beispiele für das Funktionieren der multikulturellen Gesellschaft in Deutschland. Auch er würde gerne mal persönlich mit Sarrazin diskutieren, weil er das Gefühl hat, dass die von diesem ausgelöste Diskussion eine einzige Katastrophe ist. Aus Bülents Sicht hat Sarrazin ein falsches Bild gemalt und ein Deutschland skizziert, das nur noch aus Parallelgesellschaften besteht. Es ist nur am Rande lustig, wenn Bülent glaubt, diesen Mist wiedergutmachen zu müssen. Sein Vater Ahmed, der als türkischer Gastarbeiter 1958 nach Deutschland kam, hat die schlechteren Zeiten noch miterlebt. Es hat mich sehr berührt, wie Ahmed auf einen Artikel reagiert hat, den die türkische Tageszeitung *Hürriyet* über mich verfasst hat und in dem ich auf drei Seiten meine Ansichten zur Integrationspolitik in Deutschland äußern durfte. Der alte Mann hat geweint. Er war ergriffen von der Kraft meiner Worte und ihrer Ehrlichkeit. Ich verglich die Türken in Deutschland mit einer Fußballmannschaft, die wir aber nicht spielen lassen und auf die Ersatzbank gesetzt haben. Dann beschweren wir uns darüber, dass sie keine Kondition haben. »Du musst sie spielen und zum Einsatz kommen lassen, um sie beurteilen zu können«, lautete eine meiner Thesen in *Hürriyet*. Dann plädierte ich für einen anderen Umgang mit der jüngeren Generation, die oft aneckt und Aggressionen provoziert, weil sie ein Machobild in unsere Gesellschaft zurückgebracht hat, das wir für längst überwunden hielten. Aus eigener Erfahrung weiß ich, dass der Umgang mit diesen Jungs, die diesem Männerbild nacheifern, einfacher ist, wenn du ihren Stolz und ihre Ehre akzeptierst. Ich verlange Respekt, aber von beiden Seiten. Ich habe in meinen Lebensbereichen auch festgestellt, dass vieles einfacher wird, wenn du ihren Straßenjargon verstehst. Ich appelliere an die Lehrer in den Berufsschulen, diese Kinder zu ermuntern, ihre Herkunft nicht zu verleugnen. Sie müssen lernen, konsequent nach dem deutschen Grundgesetz zu leben, sollen aber stolz darauf sein dürfen, woanders geboren zu sein. Ich verlange eine strenge Integration und das Lernen der deutschen Sprache, aber dafür brauchen wir keine deutsche Leitkultur. Stattdessen brauchen wir Werte! Diese Sätze eines Deutschen in einer türkischen Zeitung haben für viel Aufsehen gesorgt und Bülents Vater Ahmed zu Tränen gerührt.

In unserer globalen Welt wird es eines Tages normal sein, mehrere Ausweise zu besitzen. Ich rate unseren jungen Kolleginnen und Kollegen, die wir ins Ausland schicken, sich Zeit zu nehmen, die neuen Länder auch zu entdecken und dort nicht nur unsere Technologien voranzutreiben. Warum sollten sie nicht sogar bleiben, wenn es ihnen gefällt? Wir sind doch schon dabei, unsere Kulturen zu verschmelzen, ohne unsere Identitäten dabei zu vergessen. Ich bin ein schwäbisches Heimkind, verheiratet mit einer Vietnamesin, deren Familie aus China vertrieben wurde. Ich habe drei deutsche Söhne, zwei davon mit Migrationshintergrund. Meine Freunde kommen aus Russland, Polen, der Türkei oder Griechenland, ich lebe nach protestantischem und buddhistischem Glauben und bin verantwortlich für eine Belegschaft, die sich aus über 50 verschiedenen Nationalitäten zusammensetzt. Mir kann dieser Scharlatan Sarrazin nicht erzählen, dass wir unser Land aufs Spiel setzen. Ich werde weiter ankämpfen gegen diese Untergangsszenarien, ich werde diese Stammtischparolen auch in Zukunft entlarven und ich werde weiter Sarrazins Ausschluss aus der Partei fordern. Ich wünsche mir ein einheitliches Auftreten meiner Partei. Viele Genossinnen und Genossen haben ihren Kampf für Freiheit, Gerechtigkeit und Solidarität mit dem Leben bezahlt. Deshalb erwarte ich, dass die SPD sich von dem Gedankengut eines Sarrazins distanziert. Mehr noch: Sie muss ihn ausschließen! Die SPD braucht die Wähler aus allen politischen Lagern wie ein Flugzeug einen rechten und linken Flügel brauch, um fliegen zu können. Auf die Stimmen aus dem Sumpf islamfeindlicher Verschwörungstheorien und sozialdarwinistischer Pseudowissenschaften aber sollten wir besser verzichten und stattdessen lieber eine klare Abgrenzung deutlich machen. Deutschland ist nicht so dumm, als dass es sich abschaffen würde.

Dass Thilo Sarrazin mit seinem nächsten Buch noch mehr Spott und Kopfschütteln erntete, wundert mich nicht. *Europa braucht den Euro nicht* ist meiner Meinung nach sein nächster geistiger Tiefflug über die Stammtische! Der Volkswirt bedient die Ressentiments der D-Mark-Nostalgiker, sinniert von einem Deutschland ohne Solidaritätszuschlag und geißelt die deutsche Zahlmeistermentalität in Europa, mit der wir uns von unserer schlimmen Geschichte des Dritten Reichs freikaufen wollen.» ... getrieben von jenem sehr deutschen Reflex, wonach die Buße für Holocaust und Weltkrieg erst endgültig getan ist, wenn wir alle unsere Belange, auch unser

Geld, in europäische Hände gelegt haben«. Es ist für mich nur schwer zu ertragen, dass dieser Autor mit seinen dumpfen Vorurteilen und Halbwahrheiten eine Bühne bekommt, die viele meiner Freunde im Ausland schon wieder misstrauisch werden lässt ob so viel nationaler Überheblichkeit und Selbstgefälligkeit. »Für Italien zeigt die jahrzehntelange Erfahrung, dass vorausplanendes Nachdenken und rationale Argumentation nicht wesentliche Triebfedern dieser Gesellschaft (...) sind« – eine derart plumpe Verunglimpfung südländischer Mentalität führt in diesem Land aber immer noch schnurstracks in die Bestsellerlisten. Von 0 auf 1 mit Sätzen wie diesem: »Objektive Faktoren sind für diese Unterschiede nicht maßgebend, vielmehr ist es die Mentalität der Völker. Im Durchschnitt kann man sagen, dass finanzielle Solidität in Europa umso ausgeprägter war und ist, je sonnenärmer das Klima und je länger und dunkler der Winter.« Kein Wort davon, dass der Euro und eine gemeinsame Wirtschaft auch Zeichen europäischer Aussöhnung sind. Keine Sorge, dass der Zerfall der europäischen Wirtschaftsunion das Wiedererstarken des Nationalstaatsdenkens begünstigen und Europa in altes Führungsdenken leiten könnte. Der selbsternannte Aufklärer und Tabubrecher surft auf einer Welle der Empörung und verkauft sein gefährliches Spiel gut.

Reinhold Robbe, der Präsident der deutsch-israelischen Gesellschaft, meinte im Sommer, mit Sarrazin solle sich einfach niemand mehr in eine Talkshow setzen. Da bin ich anderer Meinung und ich würde nur zu gerne mit diesem Populisten in den Ring steigen. Ich würde ihn fragen, warum er dieses Deutschland schlecht macht. Warum er unerwähnt lässt, dass wir besser dastehen als jedes andere Land in der Eurokrise. Warum er unterschlägt, dass die Arbeitslosenquote hierzulande so tief ist wie seit 20 Jahren nicht mehr. Warum er so leichtfertig für die Abschaffung des Euro plädiert, ohne auf die daraus resultierenden Gefahren einzugehen. Die Kosten für die Abschaffung des Euro wären höher als die Rettungsschirme, der Kollaps des europäischen Zahlungsverkehrs wäre unausweichlich. Eine Vielzahl von Banken – nicht nur in Griechenland, Spanien und Portugal – würde zusammenbrechen, höhere Arbeitslosigkeit und steigende Inflation wären die Folgen.

Finanzminister Wolfgang Schäuble hat die richtigen Worte für die düsteren Fantasien des ehemaligen Mitglieds des Vorstands der Deutschen Bundesbank gefunden: »himmelschreiender Blödsinn« und »verachtenswertes Kalkül«. Ich will die Diskussionen über den falschen oder richtigen Umgang der Regierungskoalition mit der Eurokrise keineswegs unterbinden. Auch die von Sarrazin ausgelösten Debatten über die Schwächen unserer Integrationspolitik müssen wir weiterführen; nur wenn sie Teil einer großangelegten Vermarktungsstrategie sind, an dessen Ende der persönliche Profit steht, werde ich zornig. 1,5 Millionen Exemplare sollen von seinem ersten Buch verkauft worden sein, die Startauflage von *Deutschland braucht den Euro nicht* soll bei 350 000 Exemplaren liegen. Ich gönne jedem Menschen Erfolg und Wohlstand, aber jeder Cent für dieses Euro-Buch ist zu viel!

Von unseren Politikern erwarte ich im Umgang mit diesen Geschichtsfälschern und Tatsachenverdrehern, die gefährliche Strömungen in unserer Gesellschaft erzeugen können, eine klarere Kante. Da muss mehr kommen als die Entrüstung von Renate Künast oder der Talkshow-Auftritt von Peer Steinbrück bei Günther Jauch. Immerhin hat die Bundeskanzlerin in dieser Sache nicht geschwiegen und Sarrazins Äußerungen schon im Sommer 2010 als »diffamierend« und »äußerst verletzend« verurteilt. Von meinen Freunden in den

Gewerkschaften, meinen Mitstreitern in der SPD und auch von den vielen Ausländerorganisationen erwarte ich eine radikale Absage an diesen Zeitgeist, der kritisiert und miesmacht statt Ideen und Visionen zu haben, die sozialen Errungenschaften unserer Gesellschaft zu verteidigen und weiterzuentwickeln. Es gibt deutliche Anzeichen für eine Verschärfung der Wirtschaftskrise, die Zeiten werden auch in Deutschland härter werden. Wie aber soll eine Gesellschaft diese Herausforderungen bestehen können, wenn sie durch abenteuerliche Phrasen von arbeitsunwilligen Migranten in sozialen Hängematten und einem überfürsorglichen Sozialstatt infrage gestellt wird? Wenn Moscheegegner und Islamfeinde ein Klima der Angst erzeugen? Wenn es nur noch oben und unten gibt? Anstatt die immer größer werdende Kluft zwischen arm und reich und das Aussterben des Mittelstands als Bedrohung für unsere Demokratie zu begreifen, wird die Gesellschaft in Ober- und Unterschicht aufgeteilt.

Natürlich sind auch mir bei meinem letzten Besuch in Neukölln die Horden herumlungernder Jugendlicher nicht verborgen geblieben, die viele Mitbürger als Bedrohung empfinden. Auf diese Gruppen von »hoffnungslosen Fällen ohne Perspektive« hätte man vor ein paar Jahren auf dem Haidach auch noch stoßen können. Inzwischen zählt diese Gegend wieder zu den sichersten in Pforzheim. Manchmal denke ich, ich werde Sarrazin zu einem Spaziergang dorthin einladen, wir könnten dann seine Theorien am lebenden Objekt überprüfen. Danach würde ich ihm gerne Waldemar Meser vorstellen. Der ist vor 33 Jahren als Spätaussiedler aus dem sibirischen Irkutsk nach Pforzheim gekommen und leitet heute ehrenamtlich die von mir schon erwähnte Elterninitiative. Auch in unserem Sportverein leistet er gute Arbeit als Integrationsbeauftragter. Anschließend noch würden wir ins 30 Kilometer entfernte Werk nach Zuffenhausen fahren. Dort würde ich ihm ein paar Kollegen vorstellen, die es trotz vermeintlich genetisch bedingter Faulheit in Führungspositionen von Porsche geschafft haben: Türken, Araber, Engländer und andere. Vielleicht hätten wir danach noch Zeit, in meiner ehemaligen Schule vorbeizuschauen. Eine Stunde Religionsunterricht würde ich dem Berliner Brandstifter dort empfehlen, am besten eine kleine Auffrischung der zehn Gebote. Eine Nachhilfestunde, in der es um Respekt, Menschenwürde und Ehre geht. Thilo Sarrazin hat um des eigenen Erfolgs willen die Würde vieler Menschen angegriffen. Das verabscheue ich zutiefst.

Kapitel 9

Ausblick

Ausblick Ich werde manchmal gefragt, ob ich meine Drehzahl nicht allmählich ein bisschen verringern werde. Jetzt, wo der Laden bei Porsche doch rund läuft, meine Familie versorgt ist und ich doch schon so viele gute Taten vollbracht habe. Gut gemeinte Ratschläge, die sich mit meinem zunehmenden Alter häufen. Aber ob es sich dabei um scherzhafte Nettigkeiten aus Anlass meines 50. Geburtstags handelt oder um die versteckten Wünsche meiner Jungs beim Thaiboxen: Ich werde weiter Vollgas geben! Ich könnte nicht zurückschalten, allein schon, weil mir die Vorstellung an einen entschleunigten Lebensabend Unbehagen bereitet. Sie würden sich ja auch keinen Porsche kaufen, um damit ausschließlich in verkehrsberuhigten Zonen unterwegs zu sein. Einen Traumurlaub an einem einsamen Strand der Malediven würde ich nach einer Stunde abbrechen, eine Wanderung in den Dolomiten oder eine Bootstour durch die französischen Kanäle ebenso. Kein Rednerpult, keine Zuhörer – wo sollte ich hin mit all meiner Energie? Mir geht es wie einem Spitzensportler, der nach seiner Karriere auch nicht von heute auf morgen aufhören kann: Sein Herz würde den plötzlichen Ruhestand nicht verkraften und kollabieren. Warum sollte ich kürzertreten? Es gibt noch so viel zu tun und ich habe so viel Energie! Und was kann schöner sein, als wenn man durch spürbare Erfolge belohnt wird?

Im Januar 2012 war es Zeit geworden, das erfolgreiche Geschäftsjahr bei Porsche nicht nur für das Unternehmen zu einem zählbaren Erfolg zu machen. Sonderzahlungen haben Tradition bei Porsche, aber sie müssen in jedem Jahr aufs Neue erkämpft werden. Das geht nicht ohne einen starken Betriebsrat und ohne eine starke Gewerkschaft. Dafür braucht man aber auch Arbeitgeber mit Herz – und solche haben wir bei Porsche. 1993 hatten wir kein Geld, dennoch glaubten wir, unserer treuen Belegschaft etwas bieten zu müssen. Also erfanden wir die »Hocketse«, das Sommerfest für alle Kolleginnen und Kollegen sowie ihre Angehörigen. Es gab Spätzle, Linsen und selbstgezapftes Bier – ein bescheidenes Zeichen des Dankes an unsere Leute, die das ganze Jahr über gute Leistung erbracht hatten, obwohl sie nicht frei von der Sorge waren, wie es in diesen schwierigen Zeiten mit Porsche weitergehen würde. Dann kamen die Jahre, in denen es uns besser ging. Umsätze und Gewinne stiegen und wir erkannten die Notwendigkeit, eine Balance zwischen Kapital und Arbeitnehmerinteressen zu wahren. Es gab viele schlechte Beispiele in anderen Unternehmen. Das Streben nach Maximalprofit auf der einen Seite und unentgeltliche Mehrarbeit sowie Lohndumping auf der anderen konnten nicht gutgehen, dazu brauchten wir nicht den Untergang des Schlecker-Imperiums als Beleg.

Bei Porsche gibt es eine ganz einfache Firmenphilosophie: Wenn unsere Leute gute Arbeit geleistet haben, dann muss auch ein Teil des Geldes an die Belegschaft zurück gegeben werden. 2011 schafften wir es, jeweils 1700 Euro an insgesamt 8500 Kolleginnen und Kollegen des Konzerns zurückzugeben. Ein Jahr später trugen der enorme Einsatz und die Leistung der Belegschaft noch größere Früchte. Wir hatten 2011 so viele Autos wie nie zuvor entwickelt, gebaut und verkauft: 118868 Stück! Ende Februar 2012 sahen wir uns dementsprechend in der angenehmen Lage, eine Prämie zu zahlen, die es in dieser Höhe nie zuvor in der Firmengeschichte gegeben hatte. Jeder Kollege und jede Kollegin bekam eine einmalige Sonderzahlung von 7600 Euro! Ich versah diese Rekordprämie mit einem Adjektiv, das ich bis dahin noch nicht benutzt hatte: *genialintergalaktisch.* 7600 Euro für jeden Mitarbeiter! Ob Ingenieure, Lagerarbeiter, ob Pförtner oder Küchenhilfe:

Sie alle sollten in diesen Genuss kommen, auch wenn sie mit dem Autobau direkt nichts zu tun hatten. Unsere Kolleginnen und Kolleginnen und Kollegen in der Küche haben doch den gleichen Einsatz gezeigt und uns durch ihre tägliche Arbeit nicht nur gutes Essen bereitet, sondern durch ein Höchstmaß an Hygiene für das Wohl der Belegschaft gesorgt. Hier greift doch ein Rad ins andere, denn wenn die Kolleginnen und Kollegen in der Küche schludern und die Vorschriften lässig und schlampig befolgen würden, wäre ein Teil der Belegschaft womöglich immer krank. So aber bekommen der Ingenieur in Weissach und der Pförtner in Zuffenhausen die gleiche Anerkennung und die haben sie sich verdient – im besten Sinne des Wortes. Bei Porsche werden alle am Erfolg beteiligt – auch in Sachsenheim oder Leipzig. Ich kann mich an ein Formel-1-Rennen erinnern, das Michael Schumacher nur deshalb verloren hat, weil ein Mechaniker eine Schraube vergessen hatte. Wenn unser Essen nicht in Ordnung ist, werden viele Menschen den Rest ihres Arbeitstages auf der Toilette verbringen müssen. Alle Menschen bei Porsche sind gleich, nicht im Sinne sozialistischer Ideen, nein: Wir behandeln sie gleich. Das war nicht immer so und das kam auch nicht automatisch so; dafür haben wir ein paar Trikots durchschwitzen müssen, so banal das klingen mag. Die Prämie haben wir gemeinsam erreicht, weil auch die Arbeitgeber eingesehen haben, dass wir eine Balance zwischen Kapital und Arbeitnehmerinteressen brauchen. Diese Prämie hat der Petrus aber nicht auf dem Moped vorbeigebracht. Wir haben uns für diese Sonderzahlung eingesetzt und einige Trikots durchgeschwitzt. Vielleicht kaufe ich mir von meiner Prämie eine zweite Waschmaschine für die vielen Trikots, die wir so im Laufe eines Jahres durchschwitzen. Wir müssen die Gewinne aber natürlich auch im Unternehmen investieren. Wir müssen prekäre Arbeitsverhältnisse abschaffen und unseren Nachwuchs in perspektivische Arbeitsverhältnisse führen – da werden die nächsten Trikots nass werden. Es kann doch nicht sein, dass unsere jungen Menschen in prekärer Beschäftigung sind und in Praktika versauern. Wir müssen dafür sorgen, dass die Gewinne, die eingefahren werden, in die Schaffung anständiger Arbeitsplätze investiert werden. Selbstverständlich müssen wir auch in Ausbildungsplätze investieren. Das erfordert nicht nur die wirtschaftliche, sondern auch die soziale Verantwortung, die wir tragen. Also weiter volle Drehzahl, wie sollte ich mich angesichts dieser Herausforderungen auch zurücklehnen können?

Auf dem Haidach geht die Arbeit genauso intensiv weiter. Durch unsere vielen Initiativen und das große Engagement vieler wertvoller Menschen haben wir die Probleme so gut in den Griff bekommen, dass Pforzheims einstiges Sorgenviertel heute ein sicherer Stadtteil geworden ist. Ohne den FSV Buckenberg und seine vielen ehrenamtlichen Helfer wären die Folgen der jahrelangen Ghettounterbringung wahrscheinlich nicht so erfolgreich überwunden worden. Gerade vor ein paar Tagen hat mir mein Freund Eddy erzählt, dass inzwischen auch die früher vorsichtigen und schüchternen Eltern vieler Kinder in die Zeltlager mitkommen und viele von ihnen sich danach regelmäßig ins Vereinsleben einbringen. Das sind die Beispiele, die mir deutlich machen, wie wichtig die Existenz der Sportvereine in unserem Land ist. Und ich habe eine Hochachtung vor den Menschen, die sich in den Dienst dieser Sache stellen und dafür nicht mal eine Aufwandsentschädigung erhalten. Auch für unsere 1. Fußballmannschaft können wir keine Prämien zahlen, wie das in anderen Vereinen üblich ist. Die Jungs spielen trotzdem beim FSV weiter, weil sie hier eine Heimat gefunden haben.

Aber wir brauchen Geld. Die Kosten für den laufenden Betrieb liegen bei circa 70 000 Euro pro Jahr – ein Posten, der durch die Mitgliederbeiträge längst nicht mehr auszugleichen ist. Uns fehlen jedes Jahr circa 30 000 Euro und versuchen Sie mal, einen Zuschuss von einer Stadt zu bekommen, die seit Jahren in finanziellen Nöten steckt! Sie würden ein paar warme Worte der Anerkennung mit auf den Heimweg bekommen, mehr nicht. Da aber betritt Robin Hood wieder die Szene! Ich verfüge inzwischen über eine Menge Argumente, den nötigen Charme und auch das Durchsetzungsvermögen, Geld bei denen aufzutreiben, die genug davon besitzen. Ich habe schon oft die Erfahrung gemacht, dass, wenn ich weggegangen bin, die Reichen immer wieder »erleichtert« waren. Oft muss ich nur in deutlichen Worten meine Sorge formulieren: Mein Gegenüber könnte einen dauerhaften orthopädischen Schaden erleiden, wenn er seinem Körper zu viel Gewicht auf einer Seite zumutet. Mit einer sofortigen Erleichterung eines Teils der Geldbörse kann das Schlimmste manchmal gerade noch verhindert werden. Ich nenne das meist eine einvernehmliche Umverteilung zum Wohle aller. Ich treibe Geld ein, wo immer es geht und der FSV Buckenberg ist dankbar für so viele freiwillige Gönner. Dem Verein und seinen Mitgliedern geht es gut und durch jährliche Feste versuchen wir, den unentbehrlichen Ehrenamtlichen unseren Dank zu zeigen. Wenn ich dann aber in den Kulturjournalen Berichte über die Subventionspolitik an den deutschen Opernhäusern sehe, verstehe ich manchmal die Zusammenhänge nicht mehr. Da schuften wir täglich auf dem Kunstrasen und in der Halle, klappern unsere Bekanntenkreise ab, um Geld aufzutreiben, damit dieser Sportverein weiter seine sozialen Aufgaben erfüllen kann, und in den meisten Metropolen werden Theater und Opern zum größten Teil durch

Subventionen am Leben erhalten. Keine Frage: Eine Gesellschaft wie unsere muss auch in Zukunft freien Zugang zur hohen Kunst haben, aber müssen Opernhäuser deshalb so hoch subventioniert werden wie das in fast allen deutschen Städten geschieht? Wir brauchen mehr Sportplätze und zwar bald! So lange es in unserer Gesellschaft so viele Menschen gibt, die auf Hilfe und Unterstützung angewiesen sind, kann ich mich nicht ausruhen.

Dass unsere vielen Projekte besser funktionieren durch die Einbindung von Prominenten, muss ich sicherlich nicht hervorheben. Doch gerade ein Mann, den ich seit vielen Jahren zu meinen Freunden zähle, schafft es immer wieder, die größte Unterstützung zu bekommen, wenn es um karitative Zwecke geht: Udo Lindenberg. Ich glaube, wir sind Seelenverwandte, das war vom ersten Tag unserer Freundschaft an zu spüren. Ich kann mich erinnern, wie wir beide unsere Herkunft definierten und feststellten, dass wir beide von der Straße kommen. Udo verglich uns mit zwei Straßenkötern und mit diesem Bild konnte ich gut leben. Wir bellen laut, wir greifen gerne an, wir kümmern uns um unsere Reviere. Udo ist einer von den Reichen in diesem Land, die abseits der großen Wohltätigkeitsgalas soziale Verantwortung übernehmen, ohne die große Glocke zu läuten. Mit seiner Udo Lindenberg Stiftung erreicht Udo eine großartige Unterstützung nationaler und internationaler Projekte. Ob Kinder in Afrika oder junge Musiker hierzulande, ob die Versteigerungen seiner »panischen Bilder« oder die vielen Wohltätigkeiten ohne öffentliches Interesse: Udo Lindenberg zählt zu den sozialsten Menschen, die ich je getroffen habe. Einer, der von seinem Reichtum abgibt, auch wenn darüber nicht groß berichtet wird.

Im Juli 2012 waren wir gemeinsam in Calw, der Geburtsstadt des von Udo so verehrten Dichters Hermann Hesse. Hier

Uwe Hück mit Udo Lindenberg (links)

fördert Udo junge Künstler, die nicht mit dem Strom schwimmen, nicht mit marschieren sondern eigene Wege suchen. Er unterstützt Menschen, die provozieren statt sich anzupassen, und »ihr Ding machen«, um in Udos Jargon zu bleiben. Steppenwolf statt Tralala – ein Abend mit 4 000 Zuhörern an Hesses 50. Todestag, von dem wir alle profitiert haben. Ich hatte von Porsche einen Scheck über 20 000 Euro mitgebracht, Udo legte 10 000 Euro drauf und so freute sich »Watoto Wa Kenya«, ein Hamburger Verein zur Unterstützung von Kindern in Kenia, über eine Rekordeinnahme. Im Herbst 2012 planen Udo und ich ein Musical, das wir in Leipzig an zwei Schulen aufführen werden, die in sozialen Brennpunkten liegen. Es sollen Aufführungen von Schülern werden und die Besten werden wir nach Berlin einladen, damit sie dort in Udos Musical mitspielen. Die Wiedeking-Stiftung wird sich mit 50 000 Euro an diesem Projekt, das ich mit sehr viel Spannung erwarte, beteiligen.

Vom ersten Tag an war ich mir sicher gewesen, mit Udo eine Vielzahl von Initiativen starten zu können. Inzwischen weiß ich, dass wir noch ein paar große Sachen anpacken werden, denn es gibt noch so viele Baustellen in unserer Gesellschaft. »Wie die Lotusblüte beißt er sich durch den härtesten Asphalt nach oben, der Sonne entgegen – Uwe Hück«, so hat er mich kürzlich charakterisiert und ich kann dieses Kompliment nur zurückgeben.

Udo ist alter Porscheaner, seit er sich 1973 seinen ersten Porsche leisten konnte. Die Begeisterung für unsere Autos hat er nie verloren, im Gegenteil. Ich werde den Tag nicht vergessen, als er uns in Zuffenhausen besucht hat und ich die Idee hatte, ihn der Belegschaft vorzustellen, die im Casino gerade zur Mittagspause versammelt war. Die Kolleginnen und Kollegen staunten nicht schlecht, und mich hat gewundert, wie schnell der Funke übersprang. Unsere Leute feierten Udo und der ließ sich nicht lange bitten. Am Ende tanzte der beliebte deutsche Sänger auf zwei zusammengeschobenen Kantinentischen – angefeuert von einer begeisterten Menge.

Auch mit Schauspieler Ralf Möller habe ich noch eine Menge vor. Der Zwei-Meter-Hüne aus Los Angeles hat auch nie vergessen, wo er herkommt und er überlegte nicht lange, als ich ihm 2011 vorschlug, meinen Thaiboxern einen Besuch abzustatten. Meine Freunde von der gemeinnützigen Initiative Respekt! Kein Platz für Rassismus GmbH nutzten die Gelegenheit, um an diesem Abend ein neues Video zu drehen. »Vier Fäuste für Respekt!« lautete das Motto.

Unsere Gruppe hat sich im Lauf der Jahre an hohen Besuch gewöhnt, trotzdem war es für meine Jungs wieder mal ein Beispiel dafür, wie Sport Perspektiven schaffen kann. Ralf hat es mit Bodybuilding bis nach Hollywood geschafft und jetzt warten meine Thaiboxer schon auf den nächsten hohen Besuch: Ralf hat versprochen, eines Tages seinen Freund Arnold Schwarzenegger mitzubringen – dann würden wir nicht nur in unserer Sporthalle auftreten. Mir schwebt wie erwähnt vor, mit Möller und Schwarzenegger in die Schulen zu gehen. Dort könnten wir starken Männer unserer Vorbildfunktion gerecht werden und ganz nebenbei für ein weiteres Projekt werben. Möller und ich wollen wie gesagt in absehbarer Zeit in den Ring steigen. Mit einem Schaukampf würden wir die Jahnhalle sicherlich voll bekommen und die Einnahmen könnten wir an eines der vielen Jugendprojekte in Pforzheim weitergeben.

Ich habe es früh verstanden, meine vielen Bekannten und Freunde aus allen gesellschaftlichen Bereichen für unsere Sache zu begeistern. Ich kann keinen Nachteil darin entdecken, ihre Popularität zu nutzen, im Gegenteil. Ob Politiker, Wirtschaftsführer oder Schauspieler: Sie alle müssen mithelfen bei der Realisierung unserer Ziele. Das weiß Udo Lindenberg, das ist Ralf Möller bereit mitzutragen, das kommt auch bei Sigmar Gabriel an. Ihn schätze ich besonders, weil ich ihn für einen grundanständigen Politiker halte und davon gibt es nicht viele. Oder Sabine Christiansen, die 2006 meine erste Gastgeberin in einer Talkshow gewesen ist. Auch sie verfolgt eine Vielzahl sozialer Ziele. Ich kann nicht alle hier aufzählen, aber es hat mich stolz gemacht, dass diese Persönlichkeiten im Frühsommer 2012 alle zur Feier anlässlich meines 50. Geburtstags gekommen waren. Es hat mir geschmeichelt; natürlich auch, dass die Familien Porsche und Piëch der Einladung gefolgt sind. Verleger, Bürgermeister, Journalisten, unser SPD-Landesvorsitzender Nils Schmid, Mitstreiter aus der Gewerkschaft, meine engsten Kolleginnen und Kollegen, die gemeinnützige Initiative Respekt! Kein Platz für Rassismus GmbH und natürlich meine Familie – alle waren da und bereiteten mir einen unvergesslichen Abend. Nicht unbedingt weil ich gefeiert

Uwe Hück bei der Essensausgabe anlässlich seines 50. Geburtstag auf dem Porsche-Werksgelände

wurde und wieder mal einen Abend lang im Mittelpunkt stand. Ich war überwältigt über die Höhe der Einnahmen an diesem Abend. 20 000 Euro Spenden statt Geschenke und ein VW-Bus im Wert von 40 000 Euro für unsere Fußballabteilung!

Genauso stolz war ich auf unsere Belegschaft, die am 22. Mai, dem Tag meines Geburtstags, zur Essenausgabe auf das Werksgelände kam. 5500 Kolleginnen und Kollegen, die ich zu Gulaschsuppe, Brötchen und Putenschnitzel eingeladen habe – ein großes Fest! Alleine wäre das nie zu schaffen gewesen, ich war froh über die Unterstützung der Betriebsräte, Vertrauensleute und unserer Jugend. Beide Feiern wurden getrennt, weil ich erst mit meinen Kolleginnen und Kollegen feiern wollte und weil es im Leben immer wichtig ist, einen Spoiler zu haben, der einen auf dem Boden hält. Es gibt so viele Dinge, an die ich mich für den Rest meines Lebens erinnern werde: die Videobotschaften meiner Freunde

Bülent und Gerhard. Bülent Ceylans extrem enger Terminkalender hatte einen persönlichen Besuch meiner Feier in Zuffenhausen nicht zugelassen, schade! Gerhard Schröder war ebenfalls in einer wichtigen Sache unterwegs. Mir hat sein Videogruß an diesem Abend deutlich gemacht, dass unsere Freundschaft nicht beendet ist, nur weil einer kein hohes politisches Amt mehr bekleidet. Ich werde die vielen kleinen Gesten bei der Begrüßung nicht vergessen, die großen Worte der Festredner nicht, auch nicht das Glück, diese schönen Stunden im Kreise meiner Familie genießen zu dürfen. Unvergessen wird die spontane Show von Udo Lindenberg bleiben, der lange nach Mitternacht ein paar seiner Songs zu spärlicher Begleitung sang. Auch die Rede des SPD-Parteivorsitzenden Sigmar Gabriel hat nicht nur mich schwer beeindruckt. Viele Freunde sind anschließend zu mir gekommen und haben mich quasi aufgefordert, diese Rede zu meinem 50. Geburtstag in dieses Buch aufzunehmen:

Rede von Sigmar Gabriel am 6. Juni 2012 in Zuffenhausen

»Ich bin nicht sicher, ob der Regierungswechsel zu SPD und Grünen zu mehr Staus geführt hat, jedenfalls sind die Verkehrsstrecken vom Flughafen hier her, lieber Nils Schmid, ausbaubar.

Applaus

Bei einer Veranstaltung bei Porsche ist es auch leicht, sich dabei Applaus einzuholen.

Lieber Uwe Hück, sehr geehrter Herr Müller, sehr geehrter Herr Dr. Porsche, meine sehr geehrten Damen und Herren, erst mal lieber Uwe die Bitte um Verzeihung, dass ich etwas zu spät komme, aber offensichtlich gerade noch rechtzeitig, um den Zeitplan nicht durcheinander zu bringen.

Ich gratuliere dir natürlich erst mal persönlich zu deinem 50. Geburtstag, aber ich soll dich persönlich von allen rund 500 000 Sozialdemokratinnen und Sozialdemokraten in Deutschland grüßen, die gesagt haben, ich soll dir herzliche Grüße und alles Gute ausrichten. Aber im Ernst: Viele bei uns, die dich kennen – gut kennen –, freuen sich darüber, und sind dir ja auch für viele Jahre gemeinsamer Arbeit in der SPD, aber vor allen Dingen für Arbeitnehmerinnen und Arbeitnehmer in Deutschland und hier in Stuttgart, sehr dankbar. Ich persönlich kann nur sagen: herzlich willkommen im Club! Bei uns im Harz sagt man, wenn man 50 ist, wird man endlich erwachsen. Es gibt auch bei mir Zweifel darüber, ob das gelungen ist. Mal gucken, wie das bei dir in den nächsten Jahren wird.

Ich hab jetzt die Reden, die über dich vermutlich schon gehalten worden sind, alle nicht gehört, aber meine Vermutung ist, dass ich kaum etwas Neues hinzufügen kann und all das Lob, das auch zu lesen war, ist ja leider alles wahr, Uwe. Also, ich kann ja nicht mal widersprechen. Aber im Ernst, es gibt ja ein paar Dinge, die überall gesagt werden oder geschrieben werden, wenn von dir die Rede ist: Du bist ein Kämpfer. Einer – das ist vielleicht sogar das größte Lob, das man jemanden wie dir machen kann –, einer, der nicht vergessen hat, wo er herkommt. Einer, der nicht vergessen hat, dass das Leben Schattenseiten haben kann und dass nicht alle auf den Sonnenseiten des Lebens geboren sind. Aber eben einer, der auch weiß, dass nichts vorherbestimmt ist, dass nichts unveränderbar ist. Einer, der weiß, dass man eine Menge selber, aber vor allem auch mit anderen dafür tun kann, dass ein Leben doch gelingt, jedenfalls wenn man sich anstrengt und andere dabei sind, die einen dabei unterstützen. Gemeinsam mit anderen das Leben in die eigene Hand zu nehmen und besser zu machen, das ist vielleicht das, was man aus deinen letzten 50 Jahren am meisten von dir lernen kann.

Es ist ein bisschen schwierig, über das zu sprechen, was dich auszeichnet, ohne all das zu wiederholen, was viele schon über dich gesagt haben und auch alle wissen: Waise, gelernter Lackierer, Vertrauensmann, Betriebsratsmitglied, Betriebsratsvorsitzender, stellvertretender Aufsichtsratsvorsitzender – eine unglaubliche Aufstiegsgeschichte, die übrigens gar nicht häufig genug in unserem Land erzählt werden kann, weil sie zeigt, was gelingen kann. Normalerweise berichten wir in unserem Land am liebsten darüber, was schief geht, obwohl man am guten Beispiel mehr lernt als am schlechten und es viel mehr gute Beispiele gibt.

Aber es ist eben auch eine fast typische sozialdemokratische Aufsteigergeschichte, denn du repräsentierst – auch wenn dir das selbst gar nicht so klar ist – die Idee von Sozialdemokratie in wirklich eindrucksvoller Weise. Was ist die Idee, die so eine Partei wie unsere nun fast 150 Jahre alt werden ließ? Das ist bestimmt nicht, dass deine Partei, die SPD, immer alles richtig gemacht hat oder dass bei uns nicht auch manchmal Entscheidungen getroffen wurden, die widersprüchlich waren. Trotzdem finden Menschen wie du den Weg zu uns und am Ende ist es, glaube ich, die Idee von Freiheit. Freiheit nicht nur von Not und Unterdrückung, sondern vor allen Dingen die Freiheit, aus seinem Leben etwas machen zu können. Bedingungen dafür zu schaffen in der Gesellschaft, dass ein gelungenes Leben möglich ist, jedenfalls wenn man das will und sich anstrengt.

Wenige Menschen repräsentieren das so eindrucksvoll wie

du: diese Idee von Freiheit, aus dem eigenen Leben etwas zu machen. Klar, auf jedem Lebensweg sind Hürden, bei dir waren es besonders große, wie ich finde. Aber sozusagen das Training, diese Hürden zu überspringen, mit guter Bildung und Ausbildung, das ist das, was du jeden Tag anderen jungen Menschen predigst. Sich nicht aufzugeben, sich anzustrengen, etwas zu lernen, aus sich etwas zu machen, weil du selber gemerkt hast, dass dieses Training für Bildung und Ausbildung dich befähigt, Hürden, die bei dir auf dem Lebensweg standen, zu überspringen.

Und dann hältst du eine zweite Predigt und sagst: ›Klar, manchmal gibt es Hürden, die sind so groß, die kann man nicht alleine überspringen‹. Dann kommt es darauf an, sich unterzuhaken und sie gemeinschaftlich beiseite zu ziehen – das nennst du Kameradschaft oder Solidarität. Das sind die beiden Dinge, die dich – wenn man dich von außen betrachtet – auszeichnen. Wissen, dass man aus seinem Leben etwas machen kann, dass man übrigens auch das Recht dazu hat, sich die Freiheit zu nehmen, aus seinem Leben etwas zu machen. Dass dazu gute Bildung und Ausbildung gehören, aber eben auch Kameradschaft, Freundschaft, Solidarität für die Lebenshürden, die vor einem liegen und die man nicht alleine überspringen kann. Das ist das, was ich sehe, wenn ich Uwe Hück von außen betrachte.

Du weißt, manchmal gehört dazu auch Kampf, gelegentlich gegen sich selbst und seine Depressionen. Du weißt auch aus deiner Familiengeschichte, dass solche Kämpfe existieren und sie manchmal auch bitter verloren werden; aber eben auch Kampf gegen Ungerechtigkeit, für Respekt – ein Wort, das dir ganz besonders wichtig ist. Respekt, nicht nur so daher gesagt, sondern – das zeichnet dich eben als Gewerkschafter aus – Respekt auch für den Wert und die Würde von Arbeit. Für den

Wert und die Würde des arbeitenden Menschen, aber eben auch im Kampf, immer hart aber fair. Fairness als das, was du von anderen dir gegenüber erwartest, aber was du eben auch bereit bist, anderen in jeder Situation entgegen zu bringen. Gelegentlich geht es bei dir laut zu, das ist auch zu lesen. Das kann man auch, wenn man mit dir ein bisschen zu tun hat, kaum überhören.

Meine Damen und Herren, ich war vor kurzem auf einer Wahlveranstaltung, da hat Uwe Hück geredet. Ich war am Ende relativ sicher, dass jetzt alle in die SPD eintreten, nur damit sie mit ihm keinen Ärger kriegen. Also das ist schon manchmal beeindruckend, wie du zur Sache gehst. Herr Porsche und Herr Müller, Sie feiern ja gerade mit Ihrem Betriebsratsvorsitzenden. Ich mach' das auch gern, aber ehrlich gesagt: verhandeln möchte ich nicht mit ihm. In gewisser Weise haben Sie mein vollstes Mitgefühl.

Applaus

Uwe, da scheinen ein paar am Tisch zu sitzen, die wissen worüber ich gerade rede.

Herr Müller, lieber Herr Porsche, wenn es mal zu laut zugeht, also wie gesagt: Dieser Eintritt in die SPD, der schützt dann doch vor allzu großem Zugriff.

Applaus

Aber meine Damen und Herren, wir wissen, wer fair mit ihm umgeht, zu dem wird er auch immer fair sein und was ihn auch auszeichnet – und dafür, Uwe, will ich mich bei dir persönlich bedanken –: Wer ihn zum Freund gewinnt, der hat einen Löwen bei sich zu Hause vor der Haustür liegen. Kaum einer ist so schnell, so intensiv und so tatkräftig dabei, wenn man Hilfe braucht wie Uwe. Viele junge Menschen wissen das, weil sie dich erlebt haben als ihren Helfer und Freund. Viele in deinem Unternehmen wissen das. Ich weiß das als jemand, der stolz darauf ist, dass er dich seinen Freund nennen darf.

Lieber Uwe, was Porsche unter den Automarken ist, bist du unter den Betriebsratsvorsitzenden – etwas kraftvoller, etwas leidenschaftlicher und etwas schneller im Antritt als alle anderen.

Deshalb muss man auf Uwe Hück auch besonders gut aufpassen. Vor ein paar Jahren hat er auf einem Sonderparteitag der SPD geredet. Für die, die das nicht kennen: Sonderparteitage sind Veranstaltungen der SPD, bei denen wir in der Regel unsere Vorsitzenden austauschen. Als Uwe mit seiner Rede fertig war, hat Franz Müntefering zu ihm geraunt: ›Hättest du noch zehn Minuten weiter gemacht, hätten sie dich hier zum SPD-Vorsitzenden gewählt.‹ Uwe, das ist der Grund, warum es in meiner Amtszeit bisher keine Sonderparteitage gegeben hat.

Aber wir wissen, wir können auf dich bauen. Ich habe mal gelesen, dass ein paar deiner Kollegen sich mal einen Wahlkampfslogan für dich ausgedacht haben: ›Merkel braucht Glück. Deutschland braucht Hück‹. Ich weiß nicht, vielleicht kommen wir auf den noch mal zurück, wenn es ganz eng wird bei der nächsten Bundestagswahl. Jedenfalls vielen herzlichen Dank für all das, was du für dieses stolze und wichtige Unternehmen tust und für die Menschen, die hier Beschäftigung finden und für ihre Familien. Danke aber auch für das, was du tust, ohne Beifall dafür zu ernten, sondern einfach nur, weil du es wichtig findest.

Diese Idee, aus seinem eigenen Leben etwas machen zu können, indem man sich anstrengt und indem man das miteinander versucht und sich nicht im Stich lässt, dafür danke ich dir besonders herzlich und wünsche dir im Erwachsenenleben jetzt alles Gute! Vielen Dank für deine Einladung.«

Noch nie in meinem Leben habe ich mich in einer Rede so treffend beschrieben gefühlt wie in dieser von Sigmar Gabriel. Länger aber will ich mich damit auch nicht befassen. Ich habe zu viel zu tun und es gibt noch so viele soziale Schieflagen und Baustellen, die darauf warten, dass ich mich um sie kümmere. Menschen wie Sigmar Gabriel machen mir übrigens Hoffnung, dass sich in der Politik doch etwas erreichen lässt. Bei den nächsten Bundestagswahlen werde ich wieder mitkämpfen. Ich glaube, dass dieses Land wieder einen sozialdemokratischen Bundeskanzler braucht. Je länger ich darüber nachdenke, desto besser kann ich mich auch mit einer dauerhaften Funktion in der Politik anfreunden. Ich würde mich gerne einbringen, um die Rechte der Kinder zu stärken. Hück als Politiker – warum nicht? Ich würde eine Gesetzesvorlage auf den Weg bringen, die Kinderarmut verbietet. Ich würde jedem Kind ein Recht auf Bildung geben, unabhängig von der Herkunft und der wirtschaftlichen Situation seiner Eltern. Wie das zu finanzieren sein soll? Ich wäre bereit, etwas von meinem Wohlstand herzugeben, und genau das erwarte ich von allen Menschen, die in diesem Land zu den Reichen gezählt werden. Solange das aber nicht in den Köpfen angekommen ist, werde ich noch eine Menge Arbeit haben.

Die Rede von Sigmar werde ich mir vielleicht später noch einmal durchlesen. Wenn ich die Drehzahl ein bisschen runtergefahren habe und mich zurücklehnen kann; wenn ich mehr Zeit habe.

Vorstellen kann ich mir das allerdings noch nicht.

Anhang

Bildnachweis

Foto Seite 9:   © Porsche AG/Christoph Bauer
Foto Seite 13:   privat
Foto Seite 23:   privat
Foto Seite 31:   © Porsche AG/Christoph Bauer
Foto Seite 35:   © Porsche AG/Christoph Bauer
Foto Seite 40:   © Hilse/GES/Focus-Magazin
Foto Seite 43:   © Porsche AG/Ulrike Habib
Foto Seite 59:   © Porsche AG/Christoph Bauer
Foto Seite 69:   © IGM Stuttgart/Rathay
Foto Seite 79:   © »respekt.tv«/Kris-Patrick Rudolf
Foto Seite 103: © Porsche AG
Foto Seite 123: © Porsche AG
Foto Seite 163: © Porsche AG/Susann Friedrich
Foto Seite 166: © ZDF/Jule Roehr
Foto Seite 176: © »respekt tv«/Kris-Patrick Rudolf
Foto Seite 185: © Thomas Kienzle
Foto Seite 193: © Porsche AG/Ulrike Habib
Foto Seite 196: © Porsche AG/Christoph Bauer

Register

Akkordlohn 74
Alkoholverbot 86
Altersbezüge 126
Altersversorgung 74, 125–127
Abgeordnetenpension 127
Arbeitslosigkeit 143, 146,
    152f.,155, 180f.
Arbeitsrecht 67, 75
Aufsichtsrat 76, 78, 109, 111,
    113, 121f., 125, 160, 199
Ausländerfeindlichkeit 168, 172
Aussiedler 82f., 89, 91, 93, 182
Autokanzler 131
Autorität 20

Belegschaft 63, 66–73, 107–
    109, 111–115, 117–119, 128,
    121f., 140, 146, 157, 160f.,
    168–170, 174, 179, 188f., 196
Betreuer 24
Betriebsrat 12, 63–68, 75–77,
    89, 99, 105f., 108, 112–114,
    122, 125, 129, 138f., 152, 158,
    165, 177, 187, 196, 199, 201f.
Bewährungsstrafe 34
Biergeld 68
Bildungspolitik 149, 173
boat people 45f., 48
Brandt, Willy 66, 130f., 134,
    139
Buddhismus 65
Bundeshaushalt 126
Bundestagswahl 136, 139, 144,
    149f., 152, 155, 202f.

Caritas 46, 82
CDU 126, 137, 149, 151, 154f.,
    159
Ceylan, Bülent 175–178, 197

Demografie 70, 169
Demokratie 64, 117, 128, 137,
    143, 147, 158, 182, 199
Deserteur 48
Disziplin 19, 36, 87f., 92, 173
Doppelmoral 97

Erfolgsrezept 115
Erinnerung 11, 15, 78, 138,140,
    150, 159
Erniedrigung 15, 21f., 24
Erzieher/-innen 15f., 20–24,
    26f., 29f., 84
Eurobonds 143
Europameister 30, 36, 40f., 89,
    92, 173

FDP 130, 135f., 145, 147, 150f.
Finanzkrise 141, 147
Flüchtlinge 45f., 48–51, 82
Fördergelder 148
Freiheit 33, 48f., 89, 117, 153,
    170, 179, 199f.
FSV Buckenberg 1921 e.V. 84–
    86, 88, 95, 99, 190f.
Fukushima 159

Gabriel, Sigmar 136,145, 153f.,
    165f., 195–197, 203f.

Gegner 26 f., 37–39, 45, 67, 88, 107, 113, 128, 130, 159, 166, 172, 181
Gelübde 16
Gerechtigkeit, soziale 130, 145
Geringverdiener 152
Geschwister 11, 15, 19
Gewalt 15, 23, 28, 52, 89, 95, 171
Gewerkschaft 25, 47, 51, 63 f., 66, 75, 108, 129, 134 f., 139 f., 182, 187, 195, 200
Gott 16–18, 39, 138

Hartz IV 93, 129, 145, 147, 153, 174
Heimkind 11, 15, 19, 22,24, 37, 83, 91, 178
Herbsthilfe 73
Hierarchie 15, 25
Holding 78 109, 113, 120 f.
Hood, Robin 22, 25, 30, 98, 100, 145, 191
Hürde 55 f., 200

IG Metall 57, 63, 75, 114, 132, 134 f., 139
Integration 82, 84, 89, 94 f., 100, 167, 169 f., 174 f., 177 f., 181 f.
Internationales Rotes Kreuz 51

Jubiläumsgeld 68
Jugendamt 24, 33, 83

Kälte, soziale 46, 83, 95
Kameradschaftskasse 68
Kampfsport 35 f., 65, 88
Kehrwoche 77
Kindergeld 129
Kindheit 15, 20, 56, 140
Kohlegeld 68
Konzern 68 f., 77, 105 f., 108, 117, 119, 121 f., 125, 148, 158, 188
Konzernbetriebsrat 77, 108, 125
Kündigungsschutz 69, 147

Lackierer 34, 41 f., 61 f., 64 f., 67, 75, 78, 128, 161, 168, 196
Lindenberg, Udo 192–197
Liquidität 77
Lobbyismus 67
Lohnerhöhung 25, 67

Maigeld 68
Malerbetrieb Pflüger 33 f., 37
Märkte, sensible 141
Maximalprofit 188
Merkel, Angela 111, 133, 137, 139–142, 202
Migrant 91, 166, 168–171, 175, 182
Migrationshintergrund 84, 167, 173, 178
Ming Fat 54, 56
Missbrauch 15, 24
Mobilitätskonzept 160
Möller, Ralf 95 f., 194 f.

Mythos 105, 121

Neiddebatte 125, 127

Odenwaldschule 24
Opportunismus 137
Osterloh, Bernd 107–109, 112–
115, 129, 176

Perspektiv-Praktika 156
Pflichtangebot zur Übernahme
108
Piëch, Ferdinand 118, 195
Politikerpension 128
Politikverdrossenheit 127
Polit-Inszenierung 151
Polizei 52, 83, 89 f., 156
Porsche, Dorothea 63
Porsche, Ferry 63, 68, 71–74,
98, 118
Porsche, Wolfgang 118, 160
Porscheaner 42, 67, 70, 77, 112,
131, 160, 194
Pragmatismus 66, 96, 155
Prämie 188–190

Räucherstäbchen 55
Respekt 18, 21, 25, 30, 38 f., 61,
67, 75 f., 88, 93 f., 111, 113 f.,
117, 158, 168, 178, 183, 195,
200
Respekt! Kein Platz für
Rassismus GmbH 113, 176,
194 f.

Rückgrat 24, 92

Sarrazin, Thilo 165–183
Schicksal 15, 18, 45, 49, 70, 78,
94, 129, 158
Schlägerei 15, 26, 34, 52, 62
Schmidt, Helmut 130 f., 134,
139, 153
Schröder, Gerhard 131, 133–136,
138–140, 143, 154, 159, 197
Schwarzenegger, Arnold 96,
194 f.
Selbstwertgefühl 30, 34, 90, 153
Sherwood Forest 22, 46
Sklaven 15
Sonderschule/-schüler 18, 23,
28, 37
Sonderzahlung 68, 71, 187–189
SOS-Zeichen 50
Sozialarbeit 89, 158
Sozialrecht 75
Sozialsystem 128
Sozialversicherungssystem 128,
136
Spätaussiedler 82 f., 89, 182
SPD 66, 128, 130 f., 134–140,
144–147, 149–157, 159, 161,
165 f., 172, 179, 182, 195,
197–199, 201 f.
Sperlingshof 11, 17, 24 f., 29 f.,
33, 52 f., 56
Sprachkenntnisse 92 f., 175
Sterbegeld 68
Strafe 20, 24, 34, 49, 91

Streikkasse 64
Stundenlohn 74

Talkshow 34, 81, 106, 150, 165 f.,
170, 180 f., 195
Tarifautonomie 75, 135
Tarifrecht 75
Tempel, buddhistischer 55
Thaiboxen/-boxer 30, 36–40,
52, 65, 84 f., 87–89, 92, 101,
112, 187, 194
Thailand 36, 41, 46, 54, 61, 64,
78
Tradition 36, 54, 65, 98, 139,
152, 159, 187
Training 29, 33, 38, 62, 84–90,
93, 95 f., 98, 141, 200
Trauerrede 72, 118

Überlebensstrategie 15
Übernahmeschlacht 105, 109
Umsatzzahlen 106
Untertanenkultur 127
Urlaubsgeld 73

ver.di 139
Verantwortung 19, 27, 62 f.,
72, 90, 93, 97–99, 117, 122,
125, 128, 190, 192

Vertrauenskörper 75
Vertrauensmann 63 f., 89, 199
Verzweiflung 12, 49, 175
Vietnam 45–48, 50–54, 82, 90,
94, 178
Volkspartei 152, 155, 157

Wahlkampf 34, 125, 133, 136–
138, 140, 144, 146–151, 155 f.,
159, 202
Wahlkampfrede 148
Watoto Wa Kenya 193
Wehner, Herbert 66, 130 f., 136
Weitblick 107, 144
Wiedeking, Wendelin 17, 69–
71, 73–75, 106–111, 114, 125,
128, 195
Winnetou 22, 25 f., 30
Wirtschaftsführer 110, 125, 195
Wulff, Christian 110, 115–117

Zeitgeist, neoliberaler 154
Züchtigung 15
Zuffenhausen 41 f., 64, 69,
71 f., 75, 81, 95, 105, 110, 112,
116, 119, 121, 131 f., 140, 144,
155, 157–159, 173, 183, 189,
194, 197
Zukunftsperspektive 154

»Wir zeigen Respekt!«

Auch wenn wir nicht immer einer Meinung sind...

Das Video
zur Anzeige
gibt`s nur bei
www.respekt.tv

Uwe Hück
Vorsitzender des Gesamt- und
Konzernbetriebsrats der Porsche AG

Bernd Osterloh
Vorsitzender des Gesamt- und
Konzernbetriebsrats der Volkswagen AG

Respekt!
Kein Platz für Rassismus

www.respekt.tv

Die Initiative

Powered by

Die Initiative »Respekt! Kein Platz für Rassismus« wurde im Juni 2010 ins Leben gerufen.
Sie setzt sich ein für einen respektvollen Umgang miteinander. Viele prominente und engagierte Menschen aus Sport, Verbänden und Kultur unterstützen die Initiative schon heute.
Mit der IG Metall hat die Initiative einen neuen starken Partner gefunden, der in Betrieben
und Unternehmen sichtbare Zeichen setzt – für mehr Respekt und Toleranz.